Charles W. Leadbeater: Hellsehen

W0192454

Charles W. Leadbeater

HELLSEHEN

**Wie ein höheres Bewusstsein
entwickelt werden kann**

Aquamarin Verlag

Titel der englischen Originalausgabe: Clairvoyance

1. Auflage 2010
© Aquamarin Verlag
Voglherd 1 • D-85567 Grafing

Umschlaggestaltung: Annette Wagner
Satz: Sebastian Carl

Druck: Bercker • Kevelaer

ISBN 978-3-89427-536-5

INHALT

HELLSEHEN

I. WAS HELLSEHEN IST

Hellsehen bedeutet buchstäblich nichts weiter als »*hell sehen*«. Es ist ein Wort, das schwer missbraucht worden ist, denn man hat es sogar angewandt, um die Gaukeleien der Zauberkünstler auf dem Jahrmarkt damit zu bezeichnen. Selbst im engeren Sinne schließt es eine große Anzahl Phänomene in sich ein, die so verschiedenartig sind, dass es nicht leicht ist, eine Definition des Wortes zu geben, die zugleich kurz und treffend ist. Man hat es bisweilen mit dem Ausdruck »spirituelles Schauen« erklären wollen, aber kein Begriff könnte irreleitender sein als dieser, denn in der größten Mehrzahl der Fälle ist keine Fähigkeit damit verbunden, die den geringsten Anspruch auf einen so erhabenen Namen geltend machen kann.

Für den Zweck dieser Abhandlung kann man es vielleicht als die Kraft definieren, dasjenige zu sehen, was der gewöhnlichen physischen Sehkraft verborgen ist. Auch wird es gut sein vorauszuschicken, dass es sehr häufig (obgleich durchaus nicht immer) mit Hellhören verbunden ist, der Kraft, dasjenige zu hören, was für das gewöhnliche physische Ohr unhörbar ist. Daher soll hier unser Titelbegriff so verstanden werden, dass es diese Fähigkeit ebenfalls in sich schließt, um nicht fortwährend zwei lange Worte gebrauchen zu müssen, wo eins genügt.

Gleich zu Beginn müssen zwei Punkte geklärt werden: Dieses Buch ist nicht für solche geschrieben, die nicht glauben, dass es so etwas wie »Hellsehen« überhaupt gibt, noch sollen die überzeugt werden, die daran zweifeln. In einem so kleinen Werk wie diesem ist kein Raum dafür vorhanden. Solche Personen sollten eines der vielen Bücher studieren, die derartige Fälle beschreiben, oder sie müssen eben Experimente mesmerischer Art machen. Ich wende mich hier an die besser unterrichtete Gruppe jener, die wissen, dass »Hellsehen« existiert, die sich genügend dafür interessieren und dankbar sind, über dessen Methoden und Möglichkeiten Auskunft zu erlangen. Diesen versichere ich, dass das, was ich hier schreibe, das Resultat sorgsamer Studien und Experimente ist, und dass, obgleich einige der Fähigkeiten, die beschrieben werden, ihnen neu und seltsam erscheinen mögen, dennoch keine einzigen erwähnt werden, von denen ich nicht selbst Beispiele gesehen habe.

Obgleich ferner technische Ausdrücke so weit wie möglich vermieden werden, so werde ich doch, da ich hauptsachlich für Schüler der Theosophie schreibe, bisweilen der Kürze wegen und ohne weitere Erklärung die gewöhnlichen theosophischen Ausdrücke verwenden, von denen bestimmt anzunehmen ist, dass sie genügend bekannt sind.

Sollte dieses Handbuch jemandem in die Hände fallen, dem diese Ausdrücke Schwierigkeiten verursachen, der wird wegen dieser einleitenden Erklärungen auf eines der Bücher zur Einführung in die Theosophie verwiesen, wie zum Beispiel »Die Uralte Weisheit« oder »Der Mensch und seine Körper« von Annie Besant. Alle Lehren der theosophischen Welt- und Lebensanschauung sind so eng miteinander verbunden und ihre verschiedenen Teile hängen so sehr miteinander zusammen, dass man, um eine genaue Erklärung jedes Ausdruckes zu geben, eine eingehende Abhandlung über die theosophischen Lehren als Einleitung selbst für diese kurze Abhandlung über Hellsehen schreiben müsste.

Bevor ich jedoch eine ins Einzelne gehende Erklärung des »Hellsehens« in zweckmäßiger Weise geben kann, werden wir uns kurze Zeit mit wenigen einleitenden Betrachtungen beschäftigen müssen, damit wir einige allgemeine Tatsachen über die verschiedenen Ebenen, auf denen die Fähigkeit des Hellsehens ausgeübt werden kann, und die Bedingungen, die diese Ausübung ermöglichen, kennenlernen.

In den theosophischen Schriften wird uns immer wieder versichert, dass alle diese höheren Fähigkeiten später das Erbe der ganzen Menschheit sein werden – dass die Kraft des Hellsehens in jedem Menschen latent ruht und jene, in denen sie sich schon jetzt zeigt, den anderen in dieser besonderen Fähigkeit nur ein wenig voraus sind. Obwohl diese Behauptung wahr ist, so scheint sie dennoch den meisten ganz unbestimmt und unwirklich, einfach deshalb, weil sie eine solche Fähigkeit als ganz verschieden von allem ansehen, was sie bisher erfahren haben, und sie fühlen sich ziemlich sicher, dass sie selbst jedenfalls sehr weit davon entfernt sind, diese zu entwickeln.

Es wird helfen, dieses Gefühl der Unwirklichkeit zu beseitigen, wenn wir versuchen zu verstehen, dass Hellsehen, wie so vieles in der Natur, einfach eine Frage von Schwingungen und tatsächlich nur eine Erweiterung der Fähigkeiten ist, die ein jeder täglich ausübt. Wir sind alle ständig von einem weiten Meer aus Luft und Äther umgeben, wobei letzterer allen physischen Stoff durchdringt, und die Eindrücke von außen erreichen uns hauptsächlich durch Schwingungen in diesem großen Stoffmeer. Das wissen wir zwar alle, aber vielleicht haben viele nie daran gedacht, dass die Anzahl der Schwingungen, auf die wir reagieren können, äußerst gering ist.

Unter den außerordentlich schnellen Schwingungen, die den Äther berühren, gibt es eine gewisse kleine Anzahl – eine sehr kleine Anzahl – auf welche die Netzhaut des menschlichen Auges fähig ist zu reagieren, und diese besonderen Schwingungen bringen die Empfindung hervor, die Licht genannt wird. Wir sind daher nur fähig, diejenigen Gegenstände zu sehen, von denen

Licht dieser besonderen Art entweder ausstrahlt oder reflektiert werden kann.

In genau derselben Weise ist das Trommelfell des menschlichen Ohres fähig, auf eine gewisse sehr kleine Anzahl verhältnismäßig langsamer Schwingungen zu antworten – langsam genug, um auf die uns umgebende Luft einzuwirken. Daher sind die einzigen Töne, die wir hören können, solche, die von Gegenständen hervorgebracht werden, die mit einer innerhalb dieses Bereiches gelegenen Geschwindigkeit schwingen können.

In beiden Fällen ist es der Naturwissenschaft wohl bekannt, dass eine große Anzahl Schwingungen sowohl über als auch unter diesen beiden Sektionen existiert. Daher gibt es viele Lichtwirkungen, die nicht gesehen werden können, und viele Töne, für die das Ohr taub ist. Beim Licht ist die Tätigkeit dieser höheren und tieferen Schwingungen leicht in den Wirkungen wahrzunehmen, die durch die ultravioletten Strahlen an einem Ende des Spektrums und die Wärmestrahlen am anderen Ende hervorgebracht werden.

Tatsächlich existieren Schwingungen jedes erdenklichen Grades der Schnelligkeit, die den ganzen weiten Raum zwischen den langsamen Tonwellen und den schnellen Lichtwellen erfüllen, und es gibt außerdem zweifellos Vibrationen, die langsamer sind als die der Töne, und eine unendliche Anzahl derselben, die schneller sind als diejenigen, die als Licht wahrgenommen werden. So beginnen wir zu verstehen, dass die Schwingungen, durch die wir sehen und hören, nur wie zwei winzig kleine Gruppen einiger Saiten einer riesigen Harfe von wirklich unendlicher Ausdehnung sind. Wenn man überlegt, wie viel man schon durch den Gebrauch dieser kleinen Bruchstücke hat lernen können, so ahnt man die Möglichkeiten, die eintreten würden, wenn man fähig wäre, sich das wundervolle Ganze nutzbar zu machen.

Ferner ist hierbei zu beachten, dass verschiedene menschliche Wesen, wenngleich in relativ engen Grenzen, in der Fähigkeit, auf die wenigen Vibrationen zu antworten, die innerhalb des Bereiches unserer physischen Sinne liegen, beträchtlich voneinander abweichen. Ich denke hierbei nicht an die Schärfe des Gesichts oder Gehörs, das den einen Menschen befähigt, einen kleineren Gegenstand zu sehen oder einen leiseren Ton zu hören als einen anderen. Es kommt hierbei durchaus nicht die Schärfe der Sehkraft, sondern der Umfang der Empfänglichkeit in Betracht.

Wenn jemand ein gutes und geeignetes Prisma nimmt und mittels desselben ein deutliches Spektrum auf ein Blatt weißes Papier wirft, dann eine Anzahl Personen die äußersten Grenzen des Spektrums, wie es ihnen erscheint, auf das Papier zeichnen lässt, so wird man fast immer konstatieren können, dass ihre Sehkraft eine ganz verschiedene ist. Einige werden das Violett sich viel weiter ausdehnen sehen als die Mehrzahl; andere werden vielleicht weniger Violett als die meisten sehen, während sie am roten Ende mehr wahrnehmen. Einige wenige wird es vielleicht geben, die an beiden Enden weiter sehen können als die meisten anderen, und diese werden wohl bestimmt die sogenannten sensitiven Menschen sein – die tatsächlich für eine größere Anzahl von Schwingungen empfänglich sind als die meisten Menschen unserer Zeit.

Beim Gehör kann man denselben Unterschied nachweisen. Wenn man etwa einen Ton nimmt, der gerade noch nicht zu hoch ist, um gehört zu werden – der sozusagen an der Grenze der Hörbarkeit ist – und beobachtet, wie viele Personen unter einer gegebenen Anzahl fähig sind, ihn zu hören. Der Schrei einer Fledermaus ist ein bekanntes Beispiel für einen solchen Ton, und die Erfahrung lehrt, dass an einem Sommerabend, wenn die ganze Luft von diesen schrillen, spitzigen Rufen dieser kleinen Tiere erfüllt ist, eine große Anzahl Menschen ihrer gar nicht gewahr wird, da sie unfähig sind, sie überhaupt zu hören.

Nun zeigen diese Beispiele sehr deutlich, dass es keine festgesteckte Grenze für die Menschen gibt, Schwingungen des Äthers oder der Luft wahrzunehmen, dass aber einige diese Fähigkeit bereits in einem höheren Grade besitzen als andere; und man wird sogar finden, dass die Aufnahmefähigkeit eines und desselben Menschen bei verschiedenen Gelegenheiten verschieden ist. Man kann sich daher leicht vorstellen, dass es einem Menschen möglich sein kann, diese Kraft zu entwickeln und so im Laufe der Zeit Vieles sehen zu lernen, das seinen Mitmenschen unsichtbar ist, und Vieles zu hören, was für sie unhörbar ist, da man weiß, dass eine ungeheuer große Anzahl feinerer Schwingungen existiert und gewissermaßen nur darauf wartet, wahrgenommen zu werden.

Die Erfahrungen mit den Röntgenstrahlen geben ein Beispiel von den erstaunlichen Resultaten, die erzielt werden, wenn nur einige dieser feineren Schwingungen in den Gesichtskreis des Menschen gebracht werden. Die Durchsichtigkeit vieler Stoffe, die bis jetzt für undurchsichtig galten für diese Strahlen, zeigt plötzlich wenigstens einen Weg, auf dem eine solche Art von elementarem Hellsehen erklärt werden kann, wie sie das Lesen eines Briefes innerhalb eines verschlossenen Kastens bedingt oder das Beschreiben von Personen, die sich in einem benachbarten Raum befinden. Mittels der Röntgenstrahlen sehen zu lernen, zusätzlich zu jenen Strahlen, die man gewöhnlich benützt, würde genügen, um jemanden zu befähigen, ein magisches Kunststück dieser Art auszuführen.

Bisher haben wir uns nur mit einer Erweiterung der rein physischen Sinne des Menschen befasst. Bedenkt man aber, dass der Ätherkörper des Menschen tatsächlich nur der feinere Teil seiner physischen Hülle ist – und daher alle seine Sinnesorgane eine große Menge Ätherstoff von verschiedenen Dichtigkeitsgraden enthalten –, dessen Fähigkeiten in den meisten Menschen noch latent liegen, so ist ersichtlich, welche ungeheuren Möglichkeiten aller Art sich schon vor uns eröffnen, selbst wenn wir uns nur auf diesen Weg der Entwicklung beschränken.

Aber wir wissen ja, dass der Mensch darüber hinaus noch einen Astral- und einen Mentalkörper besitzt, die beide im Laufe der Zeit zu einer bewussten Tätigkeit erweckt werden können, dann ihrerseits auf die Vibrationen des Stoffes ihrer eigenen Pläne antworten und dadurch dem Ego in dem Maße, wie es in diesen Körpern zu arbeiten lernt, zwei gänzlich neue und weit größere Welten der Erkenntnis und Macht eröffnen. Nun muss man sich diese neuen Welten, obgleich sie uns überall umgeben und einander gegenseitig durchdringen, nicht in der Substanz gänzlich getrennt voneinander vorstellen, sondern vielmehr ineinander übergehend, so dass der gröbste Astralstoff direkt mit dem feinsten physischen Stoff verbunden ist, gerade so wie der gröbste Mentalstoff wiederum in den feinsten Astralstoff übergeht. Man darf sich jedoch keine neuen und fremden Stoffarten darunter vorstellen, sondern man muss sich den gewöhnlichen physischen Stoff nur in so feine Unterarten geteilt denken und mit so viel feinsten Schwingungszuständen versehen, dass sich dadurch gänzlich neue Bedingungen und neue Eigenschaften erschließen.

Dann wird es nicht mehr schwer sein, sich die Möglichkeit einer beständigen und fortgesetzten Erweiterung unserer Sinne vorzustellen, so dass man sowohl durch das Gesicht als auch durch das Gehör fähig wird, weit höhere und weit tiefere Schwingungen wahrzunehmen, als man sie gewöhnlich erkennt. Eine große Anzahl dieser neuen Schwingungen wird noch dem physischen Plan angehören und wird uns nur fähig machen, Eindrücke von den ätherischen Teilen dieser Ebene zu empfangen, die jetzt noch ein versiegeltes Buch für uns ist. Solche Eindrücke werden noch durch die Netzhaut des Auges aufgenommen werden; sie werden natürlich mehr ihren ätherischen als ihren festen Stoff berühren, aber trotzdem kann man sie als Eindrücke ansehen, die nur ein besonderes Organ ansprechen, das darauf spezialisiert ist, sie aufzunehmen, und nicht die ganze Oberfläche des Ätherkörpers.

Es gibt allerdings einige außergewöhnliche Fälle, in denen andere Teile des Ätherkörpers auf diese neuen Schwingungen ebenso leicht oder sogar leichter als das Auge antworten. Es gibt verschiedene Erklärungen dafür, doch hauptsächlich ist dies die Wirkung einer teilweisen astralen Entwicklung, denn man wird finden, dass die sensitiven Teile des Körpers fast immer mit einem der Chakras, der Energie-Zentren im Astralkörper, korrespondieren. Wenngleich diese Zentren auf ihrem eigenen Plan, falls das astrale Bewusstsein noch nicht genügend entwickelt ist, noch nicht wirken können, so sind sie doch stark genug, um den Ätherstoff, den sie durchdringen, zu stärkerer Tätigkeit anzuregen.

Bei den Astralsinnen selbst ist die Art der Wirksamkeit ganz anders. Der Astralkörper hat keine speziellen Sinnesorgane – eine Tatsache, die vielleicht einiger Erklärung bedarf, da viele Studierende, die seine Physiologie zu verstehen suchen, es schwer finden, was über die vollkommene Durchdringung des physischen Körpers durch den Astralstoff gesagt wurde und über die genaue Übereinstimmung zwischen den beiden Körpern sowie über die Tatsache, dass jedes physische Objekt notwendigerweise sein astrales Gegenstück hat.

Nun sind all diese Angaben zweifellos wahr, und doch ist es möglich, dass Menschen, die im Astralen nicht normal sehen können, sie missverstehen. Zu jeder Art der physischen Materie gehört eine ihr entsprechende Art von Astralstoff, mit dem sie beständig verbunden ist – von dem sie nur durch eine sehr starke Ausübung geistiger Kraft getrennt werden kann, und selbst dann können die beiden Stoffarten nur so lange auseinandergehalten werden, wie diese Kraft dazu aufrechterhalten wird. Doch ist die Verbindung der astralen Teilchen untereinander weit loser, als dies bei den korrespondierenden Teilchen des physischen Stoffes der Fall ist.

In einer Eisenstange findet man beispielsweise eine Masse physischer Moleküle in festem Zustand vor – das heißt, sie sind nur zu einer verhältnismäßig kleinen Veränderung in ihrer relativen Lage zueinander fähig, obgleich jedes derselben mit unglaublicher Schnelligkeit in seiner eigenen Sphäre vibriert. Das astrale Gegenstück davon besteht aus dem, was wir oft festen Astralstoff nennen – also aus dem Stoff der untersten und dichtesten Unterabteilung des Astralplanes. Dennoch verändern seine Teilchen schnell und beständig ihre relative Lage, indem sie sich untereinander so leicht bewegen wie eine Flüssigkeit des physischen Planes. Es existiert also keine fortdauernde Verbindung zwischen irgendeinem physischen Partikel und dem betreffenden Teil des Astralstoffes, der in irgendeinem gegebenen Augenblick als sein Gegenstück wirkt.

Das ist auch der Fall in Beziehung auf den Astralkörper des Menschen, den wir für unseren Zweck als aus zwei Teilen bestehend betrachten können – nämlich die dichtere Ansammlung, welche die genaue Lage des physischen Körpers einnimmt, und die Wolke des feineren Astralstoffes, die diesen umgibt. Innerhalb dieser Teile und untereinander geht fortwährend ein äußerst rascher Kreislauf der beschriebenen Teilchen vor sich, so dass man bei dem Beobachten der sich bewegenden Moleküle des Astralkörpers unwillkürlich an die Bewegung in stark kochendem Wasser denken muss.

Daraus folgt also, obgleich jedes Organ des physischen Körpers immer eine gewisse Menge Astralstoff als Gegenstück haben muss, dass es dieselben Partikel doch nie länger als einige Sekunden behält, und daher existiert nichts, was der Spezialisierung des physischen Nervenstoffes in Seh- oder Gehörnerven und dergleichen entspricht. So weist zwar das physische Auge oder Ohr zweifellos stets sein Gegenstück aus Astralmaterie auf, dieser besondere Teil der Astralmaterie ist aber dennoch weder mehr (noch weniger) fähig, auf die Schwingungen zu antworten, die astrales Sehen oder Hören hervorbringt, als irgendein anderer Teil des Körpers.

Man darf nicht vergessen, dass, obgleich hier beständig von »astralem Sehen« und »astralem Hören« gesprochen werden muss, um ein Verständnis herbeizuführen, alles, was wir unter diesen Ausdrücken verstehen, nur die Fähigkeit ist, auf solche Vibrationen zu antworten, die dem Bewusstsein des Menschen, wenn er in seinem Astralkörper tätig ist, Informationen derselben Natur vermitteln, wie seine Augen und Ohren es tun, während er in seinem physischen Körper lebt. Aber in den gänzlich andersartigen astralen Zuständen sind besondere Organe nicht nötig zur Erreichung dieses Resultates. In jedem Teil des Astralkörpers gibt es Materie, die fähig ist, so zu reagieren, und folglich sieht der in seinem Astralkörper funktionierende Mensch ebenso gut die Gegenstände hinter sowie unter und über sich, ohne seinen Kopf umdrehen zu müssen.

Es ist jedoch noch ein anderer Punkt zu beachten, der nicht außer Acht gelassen werden darf, nämlich die Frage der bereits erwähnten Chakras. Die Schüler der Theosophie wissen, dass sowohl im Astral- als auch im Ätherkörper des Menschen gewisse Kraftzentren existieren, die der Reihe nach durch das heilige Schlangenfeuer (Kundalini) belebt werden müssen, wenn der Mensch in der Entwicklung voranschreitet. Obgleich man diese Kraftzentren nicht Organe im gewöhnlichen Sinne des Wortes nennen kann, da der Mensch nicht durch sie sieht oder hört, so wie im physischen Leben durch Auge und Ohr, so hängt doch offensichtlich die Kraft, diese astralen Sinne zu gebrauchen, sehr stark von ihrer Belebung ab, indem jedes derselben in dem Maße, wie es sich entwickelt, dem Astralkörper die Kraft verleiht, auf einen neuen Schwingungsimpuls zu antworten.

Dennoch weisen auch diese Zentren keine beständige Ansammlung von Astralstoff auf, der mit ihnen in Verbindung stände. Es sind einfach Wirbel in der Materie des Körpers – Wirbel, durch die alle Partikel der Reihe nach hindurchgehen – Punkte vielleicht, an denen eine höhere Kraft von höheren Plänen auf den Astralkörper einwirkt. Selbst diese Beschreibung gibt nur eine teilweise Vorstellung von ihrem Aussehen, denn tatsächlich sind es vierdimensionale Wirbel, so dass die Kraft, die durch sie hindurchgeht und welche die Ursache ihrer Existenz ist, von nirgendwoher emporzuquellen scheint. Da aber alle Partikel der Reihe nach durch sie hindurchgehen, so ist es klar, dass es ihnen auf diese Weise möglich ist, in allen Atomen des Körpers die Kraft zu erwecken, für eine gewisse Art von Schwingungen empfänglich zu sein, bis alle Astralsinne in allen Teilen des Körpers gleich tätig sind.

Das Sehen auf dem Mentalplan ist davon wiederum ganz verschieden, denn hierbei kann man nicht mehr von besonderen Sinnen, wie von Gesicht und Gehör, sprechen, sondern hier hat man es mit einem Allgemeinsinn zu tun, der auf die ihn erreichenden Vibrationen so vollkommen reagiert, dass er, wenn irgendein Gegenstand in den Bereich seiner Wahrnehmung gelangt, ihn sogleich vollkommen erkennt und ihn sozusagen sieht, hört und fühlt und durch diesen gleichzeitigen Vorgang alles von ihm weiß, was gewusst werden kann. Aber selbst diese wunderbare Fähigkeit ist nur dem Grade und nicht der Art nach von denen verschieden, die wir jetzt in unserer Gewalt haben. Auf dem Mentalplan so gut wie auf dem physischen werden die Eindrücke immer noch durch Schwingungen vermittelt, die von dem gesehenen Gegenstand zum Seher hinführen.

Auf dem buddhischen Plan begegnet man zum ersten Mal einer ganz neuen Fähigkeit, die mit den bisher besprochenen nichts gemein hat, denn dort erkennt ein Mensch ein Objekt auf eine ganz verschiedene Weise, bei der äußere Schwingungen keine Rolle spielen. Das Objekt wird ein Teil seiner selbst, und er betrachtet es von innen, anstatt von außen. Aber mit dieser Kraft hat gewöhnliches Hellsehen nichts zu tun.

Die vollständige oder teilweise Entwicklung jener Fähigkeiten fällt unter unsere Definition des Hellsehens – die Kraft zu sehen, was dem gewöhnlichen physischen Blick verborgen ist. Aber diese Fähigkeiten können auf verschiedene Weise entwickelt werden, und es wird gut sein, hierüber einige Worte zu sagen.

Wenn es einem Menschen möglich wäre, während seiner Evolution von allen, außer den freundlichsten und sanftesten, Einflüssen von außen isoliert zu sein und sich von Anfang an vollkommen regelmäßig und normal zu entwickeln, würde er seine Sinne wahrscheinlich auch in regelrechter Ordnung entfalten. Seine physischen Sinne würden allmählich ihre Grenze immer mehr erweitern, bis sie auf alle physischen Schwingungen antworten könnten, sowohl auf die des Ätherstoffes als auch auf die der gröberen Materie. Dann würde in richtiger Folge die Empfänglichkeit für die gröberen Teile des Astralplanes auftreten, und später würden auch die feineren Teile mit eingeschlossen werden, bis endlich zur gegebenen Zeit die mentale Fähigkeit erwachen würde.

Im wirklichen Leben ist jedoch eine so regelmäßige Entwicklung kaum möglich, und mancher Mensch hat gelegentliche Lichtblicke von astralem Bewusstsein, ohne dass seine ätherische Sehkraft überhaupt erweckt worden wäre. Diese Unregelmäßigkeit in der Entwicklung ist eine der Hauptursachen dafür, dass der Mensch in den Fragen des Hellsehens so außerordentlich leicht Irrtümern unterworfen ist – wovon er sich nur durch einen langen Lehrgang sorgfältiger Übung unter einem dazu befähigten Lehrer frei machen kann.

Studierenden der theosophischen Schriften ist dies bekannt, und selbst in diesem materialistischen Jahrhundert gilt die alte Redensart:»Wenn der Schüler bereit ist, ist auch der Meister bereit.« Wenn der Jünger fähig ist, in die *Halle des Lernens* einzutreten, wird er dort stets seinen Meister finden. Auch wissen sie wohl, dass man nur unter solcher Führung seine latenten Kräfte mit Sicherheit entwickeln kann, da es ihnen bekannt ist, wie leicht sich der ungeübte Hellseher über die Bedeutung und den Wert dessen, was er sieht, täuschen oder sogar seine Vision vollständig entstellen kann, wenn er sie ins physische Bewusstsein herabbringt.

Daraus folgt nicht, dass selbst der Schüler, der in dem Gebrauch esoterischer Kräfte regelmäßigen Unterricht erhält, diese genau in der oben beschriebenen Ordnung entwickeln wird. Seine vorherige Entwicklung ist vielleicht nicht derart gewesen, um diesen Weg für ihn als den leichtesten oder wünschenswertesten erscheinen zu lassen; aber er steht jedenfalls unter der Leitung eines wirklich befähigten Führers seiner spirituellen Entwicklung. Er kann beruhigt sein, dass der Weg, auf dem er geführt wird, der beste für ihn ist.

Ein zweiter großer Vorteil, den er dabei gewinnt, ist der, dass er alle Kräfte, die er erwirbt, endgültig beherrscht und sie somit beständig und in vollkommener Weise benutzen kann, wenn er sie für seine theosophische Arbeit einsetzt. Während bei nicht geschulten Menschen sich diese Kräfte oft nur teilweise und unwillkürlich zeigen und sozusagen nach ihrem eigenen Willen auftauchen und verschwinden.

Es könnte nun mit gutem Grund eingewendet werden, dass es seltsam erscheint, wenn die Fähigkeit des Hellsehens, wie gesagt wurde, ein Teil der geistigen Entwicklung des Menschen und somit ein Zeichen eines gewissen Fortschrittes nach dieser Richtung hin ist, dass Eingeborene oder wenig gebildete Menschen diese Fähigkeit oft besitzen. Menschen, die augenscheinlich ganz unentwickelt sind, von welchem Gesichtspunkt aus man sie auch betrachten möge. Zweifellos erscheint das zuerst sehr merkwürdig; aber tatsächlich ist die Sensitivität eines Eingeborenen oder eines unwissenden Europäers ganz und gar nicht dasselbe wie die Fähigkeit des geschulten Hellsehers, noch ist sie auf dieselbe Weise entstanden.

Eine genaue und eingehende Erklärung des Unterschiedes würde zu schwierige Fachausdrücke erfordern, aber vielleicht kann man eine allgemeine Vorstellung des Unterschiedes aus einem Beispiel erlangen, das aus dem niedrigsten Plan des Hellsehens, der in enger Verbindung mit dem dichten physischen steht, genommen ist. Der Ätherkörper des Menschen ist außerordentlich eng mit seinem Nervensystem verbunden, so dass jede Wirkung auf eines dieser Systeme sich sofort auch im anderen bemerkbar macht. Nun hat man beobachtet, dass bei den gelegentlichen Erscheinungen des ätherischen Hellsehens bei Eingeborenen, ob aus Zentralafrika oder anderen Gebieten, die damit in Verbindung stehende nervöse Störung fast gänzlich in dem sympathischen System auftritt, weshalb der betreffende Mensch diese Fähigkeit absolut nicht kontrollieren kann. Es ist tatsächlich ein sehr kräftiger Eindruck, der eher dem ganzen Ätherkörper in unbestimmter Weise angehört, als eine genaue und bestimmte Sinneswahrnehmung zu sein, die sich durch ein besonderes Organ mitteilt.

Da die Kraft des Menschen in späteren Evolutionsstufen sich mehr und mehr auf die Entwicklung mentaler Fähigkeiten konzentriert, verschwindet diese unbestimmte Sensitivität gewöhnlich. Aber noch später, wenn sich das spirituelle Element zu entfalten beginnt, erlangt er seine hellseherische Kraft wieder. Dann aber ist diese Fähigkeit eine bestimmte und genaue, die unter der Kontrolle des menschlichen Willens steht und durch ein besonderes Sinnesorgan ausgeübt wird. Es ist bemerkenswert, dass irgendeine Tätigkeit des Nervensystems, die im Zusammenhang mit ihr entsteht, jetzt fast ausschließlich dem zerebrospinalen System angehört.

Gelegentliche hellseherische Wahrnehmungen treten jedoch bisweilen auch bei hoch gebildeten und spirituellen Menschen auf, selbst wenn sie niemals von der Möglichkeit gehört haben, eine derartige Fähigkeit zu entwickeln. In diesem Falle bedeuten solche gelegentliche Eindrücke gewöhnlich, dass der Betreffende sich jener Stufe der Evolution nähert, auf der diese Kräfte anfangen werden, sich in natürlicher Weise zu manifestieren, und ihr Auftreten sollte ihm als ein neuer Antrieb in dem Streben dienen, den hohen Standard moralischer Reinheit und mentalen Gleichgewichts aufrechtzuerhalten, ohne welchen das Hellsehen ein Fluch und nicht ein Segen für seinen Besitzer ist.

Zwischen denen, die ganz unempfänglich, und denen, die im vollen Besitz der Kraft des Hellsehens sind, gibt es viele Zwischenstufen. Eine, die es wert ist vorübergehend betrachtet zu werden, ist die Stufe, auf der ein Mensch, obgleich er im gewöhnlichen Leben die Fähigkeit des Hellsehens nicht besitzt, sie mehr oder weniger unter mesmerischem Einfluss zeigt. Das ist ein Fall, bei dem die physische Natur bereits sensitiv ist, nur ist das Bewusstsein noch nicht fähig, unter den mannigfaltigen Zerstreuungen des physischen Lebens darin tätig zu sein. Es muss durch die zeitweilige Einstellung der äußeren Sinne im mesmerischen Trance-Zustand freigemacht werden, bevor es die höheren Kräfte anwenden kann, die eben in ihm zu dämmern beginnen. Doch gibt es natürlich selbst im mesmerischen Trance-Zustand unzählige Grade der Klarheit – von gewöhnlichen Patienten, die ganz unintelligent sind, bis zu dem Menschen, dessen Sehkraft ganz unter der Herrschaft des Magnetiseurs steht und von ihm überall, wohin er will, gelenkt werden kann, oder bis zu jener höheren Stufe, auf der, wenn das Bewusstsein einmal frei ist, es gänzlich dem Willen des Magnetiseurs entflieht und in Regionen einer erhabenen Schau emporschwebt, wo es vollständig außerhalb seines Bereiches wirkt.

Ein weiterer Schritt auf demselben Weg ist jener, wenn eine vollständige Unterdrückung des physischen Bewusstseins, wie beim hypnotischen Trance-Zustand, nicht nötig ist, sondern die Kraft des übernatürlichen Sehens, obgleich sie im Wachzustand noch nicht erreicht ist, dem Menschen zur Verfügung steht, wenn der Körper in den Banden des gewöhnlichen Schlafes liegt. Auf dieser Entwicklungsstufe standen viele Propheten und Seher, von denen wir lesen, dass Gott ihnen »im Schlafe ein Zeichen gab« oder die in den stillen Stunden der Nacht mit höheren Wesen verkehrten.

Die meisten kultivierten Völker der Menschheit haben diese Entwicklungsstufe bis zu einem gewissen Grade erreicht. Die Sinne ihrer Astralkörper sind vollkommen tätig und vollständig fähig, Eindrücke von Gegenständen und Wesenheiten auf ihrem eigenen Plan zu empfangen. Aber damit ihnen diese Tatsache in ihrem physischen Körper von Nutzen sein kann, sind gewöhnlich zwei Veränderungen notwendig: Erstens muss das Ego für die Wirklichkeiten des Astralplanes erweckt und veranlasst werden, sich aus der Hülle, die durch seine eigenen Gedanken des Wachzustandes gebildet ist, zu befreien und um sich zu blicken, um Beobachtungen zu machen und zu lernen; und zweitens muss das Bewusstsein während der Rückkehr des Egos in seinen physischen Körper so weit wachgehalten werden, dass es die Erinnerung an das, was es gesehen oder gelernt hat, seinem physischen Gehirn einprägen kann.

Wenn die erste dieser Veränderungen stattgefunden hat, dann ist die zweite von geringerer Bedeutung, da dann das Ego, der wahre Mensch, fähig ist, von der Unterweisung, die auf diesem Plan erlangt werden kann, Nutzen zu ziehen, selbst wenn er nicht die Befriedigung erlangt, irgendeine Erinnerung daran in sein Wachbewusstsein mit herüberzubringen.

Studierende fragen oft, in welcher Weise sich diese Fähigkeit des Hellsehens bei ihnen selbst zuerst zeigen wird – wie sie es wissen können, wann sie die Stufe erreicht haben, auf der die ersten schwachen Anzeichen dafür sich bemerkbar machen. Da die Fälle so ganz voneinander verschieden sind, ist es unmöglich, auf diese Frage irgendeine allgemein gültige Antwort zu geben.

Einige Menschen beginnen sozusagen ganz plötzlich und werden unter einem ungewöhnlichen Anreiz nur für einmal fähig, irgendeine auffallende Vision zu sehen. Sehr oft geschieht es in einem solchen Fall, dass der Betreffende, da diese Erfahrung sich nicht wiederholt, mit der Zeit zu glauben beginnt, dass er bei dieser Gelegenheit das Opfer einer Halluzination gewesen sein müsse. Einige fangen damit an, von Zeit zu Zeit die glänzenden Farben und Schwingungen der menschlichen Aura wahrzunehmen; andere sehen und hören mit zunehmender Häufigkeit Dinge, für die ihre Umgebung blind und taub ist; wieder andere sehen Gesichter, Landschaften oder farbige Wolken im Dunkeln vor ihren Augen schweben, ehe sie einschlafen. Doch die meisten machen wohl zuerst die Erfahrung durch, dass sie anfangen, sich mit einer größeren Klarheit dessen zu erinnern, was sie während des Schlafes auf den anderen Plänen gesehen und gehört haben.

Da nun der Boden in gewisser Beziehung vorbereitet ist, kann damit begonnen werden, die verschiedenen Erscheinungen des Hellsehens näher zu betrachten.

Sie sind allerdings, sowohl in ihrer Natur als auch in ihren Graden, so voneinander verschieden, dass es nicht leicht ist zu entscheiden, wie sie am besten einzuteilen sind. Man könnte sie einteilen nach der Art des Hellsehens, die angewandt wird – ob sie mental, astral oder nur ätherisch ist. Ferner könnte man sie nach der Fähigkeit des Hellsehers einteilen, indem man in Betracht zieht, ob er geschult oder ungeschult ist; ob seine Schau regelmäßig und unter seiner Herrschaft ist oder vereinzelt und unabhängig von seinem Willen auftritt; ob er seine höhere Sehkraft nur ausüben kann, wenn er unter mesmerischem Einfluss steht, oder ob dieser Beistand unnötig für ihn ist. Ferner, ob er imstande ist, seine Fähigkeit zu benutzen, wenn er sich im Wachzustand befindet, oder ob er sie nur dann ausüben kann, wenn er im Schlaf oder in Trance seinen Körper zeitweise verlässt.

Alle diese Unterschiede sind wichtig, und sie müssen alle bei den weiteren Ausführungen in Betracht gezogen werden, aber vielleicht wird im Allgemeinen die beste Einteilung die sein, die sich in gewisser Hinsicht an das System anlehnt, das A. P. Sinnett in seinem Buch »Rationale of Mesmerism« angewandt hat. Wir werden daher die Erscheinungen mehr nach der in Anwendung kommenden Fähigkeit des Hellsehens, als nach den Plänen, auf denen sie ausgeübt wird, einteilen, so dass also die Beispiele des Hellsehens unter folgende Rubriken zu gruppieren sind:

1. Einfaches Hellsehen – das heißt, ein einfaches Öffnen des Blickes, das seinen Besitzer befähigt, diejenigen astralen oder ätherischen Wesenheiten zu sehen, die in seiner Umgebung sind. Das schließt aber nicht die Kraft ein, entfernte Orte zu beobachten oder Szenen, die einer anderen als der gegenwärtigen Zeit angehören.

2. Hellsehen im Raum – die Fähigkeit, Szenen oder Ereignisse zu sehen, die von dem Seher räumlich entfernt sind und entweder für gewöhnliche Beobachtung zu weit oder durch dazwischenliegende Gegenstände verborgen sind.

3. Hellsehen in der Zeit – die Fähigkeit, Gegenstände oder Ereignisse zu sehen, die von dem Seher zeitlich entfernt liegen, also die Gabe, in die Vergangenheit oder in die Zukunft zu blicken.

II. EINFACHES HELLSEHEN: ALLSEITIG

Dieses wurde von uns als einfaches Öffnen des ätherischen oder astralen Sehens definiert, das seinen Besitzer befähigt, alles zu erkennen, was auf den entsprechenden Ebenen um ihn her gegenwärtig ist. Doch ist diese Fähigkeit im Allgemeinen nicht von der Kraft begleitet, irgendetwas auf große Entfernungen zu sehen oder in die Vergangenheit oder Zukunft zu schauen. Es ist kaum möglich, diese letzteren Fähigkeiten gänzlich auszuschließen, denn astrales Sehen verfügt notwendigerweise über eine größere Reichweite als physisches, und bruchstückartige Bilder der Vergangenheit wie auch der Zukunft treten oft zufällig in den Sehkreis solcher Hellseher, die nicht wissen, wie sie besonders danach suchen sollen. Es besteht aber dennoch ein sehr großer Unterschied zwischen solchen zufälligen Lichtblicken und der bewussten Kraft, den Blick entweder in den Raum oder in die Zeit zu richten.

Unter sensitiven Personen findet man alle Abstufungen dieser Art des Hellsehens, von der Fähigkeit des Menschen, der einen unbestimmten Eindruck empfängt, den man kaum mit dem Namen Hellsehen bezeichnen kann, bis zu dem vollen Besitz des ätherischen und astralen Schauens. Vielleicht wird die einfachste Methode für uns die sein, wenn wir anfangen zu beschreiben, was dem Hellseher, wenn er diese Sehkraft voll entwickelt hat, sichtbar sein würde, da dann die Fälle des nur teilweisen Besitzes derselben ganz natürlich an ihre Stelle der Einteilung kommen würden.

Betrachten wir zuerst das ätherische Hellsehen. Das besteht einfach, wie bereits gesagt worden ist, in der Empfänglichkeit, auf eine weit größere Reihe physischer Schwingungen als gewöhnlich zu reagieren, aber dennoch bringt sein Besitz mancherlei in Sicht, wofür der größte Teil der Menschheit noch blind ist. Wir wollen einmal sehen, wie der Anblick der bekannten belebten oder unbelebten Gegenstände sich verändert, und dann, zu welchen gänzlich neuen Faktoren er uns führt. Aber es sei daran erinnert, dass das, was ich nun beschreibe, nur das Resultat der vollen und vollkommen beherrschten Fähigkeit ist, und dass die meisten Fälle, die man im wirklichen Leben findet, wahrscheinlich in der einen oder der anderen Richtung weit dahinter zurückbleiben werden.

Die auffallendste Veränderung, die durch den Erwerb dieser Fähigkeit in der Erscheinung unbelebter Gegenstände eintritt, ist die, dass die meisten derselben fast durchsichtig werden, was seinen Grund in der Verschiedenheit der Wellenlänge einiger der Schwingungen hat, für die der Mensch jetzt empfänglich geworden ist. Er fühlt sich fähig, mit der größten Leichtigkeit das sprichwörtliche Kunststück zu vollbringen, »durch eine Mauer hindurchzusehen«. Denn seiner neu erworbenen Sehkraft scheint die Mauer kaum dichter zu sein als ein leichter Nebel. Er sieht daher, was in einem Nebenzimmer geschieht, fast so, als wenn überhaupt keine Wand dazwischen wäre. Er kann genau den Inhalt eines verschlossenen Behälters beschreiben oder einen versiegelten Brief lesen. Mit einiger Übung kann er auch eine gegebene Stelle in einem geschlossenen Buch finden. Obgleich dieses letztere Experiment für die astrale Sehkraft sehr leicht auszuführen ist, so bietet es allerdings dem, der nur ätherisches Hellsehen ausübt, große Schwierigkeiten, weil jede Seite durch alle diejenigen hindurchgesehen werden muss, die darüber liegen.

Man hat oft gefragt, ob jemand unter diesen Umständen immer mit seiner erweiterten Sehkraft sieht oder nur dann, wenn er es will. Die Antwort darauf ist, dass, wenn seine Fähigkeit vollkommen entwickelt ist, er sie auch ganz beherrscht, und er kann je nach Wunsch entweder die Kraft des Hellsehens oder die gewöhnliche Sehkraft benutzen. Er geht von der einen zur anderen so schnell und natürlich über, wie wir den Brennpunkt unserer Augen verändern, wenn wir von unserem Buch aufsehen, um die Bewegungen irgendeines eine Meile entfernten Gegenstandes zu betrachten. Es ist sozusagen ein Einstellen des Bewusstseins auf den einen oder den anderen Aspekt des betrachteten Gegenstandes; und obgleich der betreffende Mensch den Aspekt dessen, worauf seine Aufmerksamkeit für den Augenblick gerichtet ist, ganz klar im Auge hat, so wird er sich stets auch des anderen Aspektes unbestimmt bewusst sein, geradeso wie wir, wenn wir unseren Blick auf einen Gegenstand in unseren Händen richten, doch auch unbestimmt die entgegengesetzte Wand des Zimmers als Hintergrund sehen.

Eine weitere sehr merkwürdige Veränderung, die mit dem Besitz dieser Sehkraft verbunden ist, besteht darin, dass der feste Boden, auf dem der Mensch geht, für ihn bis zu einem gewissen Grade durchsichtig wird, so dass er bis zu einer beträchtlichen Tiefe in ihn hineinblicken kann, etwa so, wie wir jetzt durch klares Wasser hindurchsehen können. Das befähigt ihn, ein unter dem Boden wühlendes Geschöpf zu beobachten, ein Kohlen- oder Metalllager, das nicht zu weit unter der Oberfläche liegt, und anderes mehr zu entdecken.

Die Grenze des ätherischen Hellsehens beim Blicken durch feste Stoffe scheint derjenigen ähnlich zu sein, die uns beim Sehen durch Wasser oder Nebel auferlegt ist. Über eine gewisse Entfernung hinaus können wir nicht sehen, weil das Medium, durch das wir blicken, nicht vollkommen durchsichtig ist.

Das Aussehen der lebenden Wesen ist auch sehr verändert für den Menschen, der seine Sehkraft so weit entwickelt hat. Die Körper der Menschen und Tiere sind für ihn größtenteils durchsichtig, so dass er die Tätigkeit der verschiedenen inneren Organe beobachten und in gewissem Maße auch einige ihrer Krankheiten erkennen kann.

Seine erweiterte Sehkraft befähigt ihn auch, mehr oder weniger klar verschiedene Klassen von Elementalen und anderen Geschöpfen wahrzunehmen, deren Körper die Strahlen innerhalb des gewöhnlich sichtbaren Spektrums nicht zu reflektieren imstande sind. Unter den so geschauten Wesenheiten werden einige der niederen Arten der Naturgeister sein – nämlich diejenigen, deren Körper aus dem dichteren Ätherstoff bestehen. Zu dieser Klasse gehören Elfen, Gnome und Kobolde, über die man in den schottischen und irischen Highlands und in entlegenen Orten in der ganzen Welt noch heutzutage so viel zu erzählen weiß.

Das große Reich der Naturgeister ist im großen Ganzen ein astrales, doch gibt es viele von ihnen, die dem ätherischen Teil des physischen Planes angehören, und diese kommen den Menschen natürlich viel leichter zu Bewusstsein als die anderen. So finden wir tatsächlich beim Lesen der einschlägigen Märchen häufig ganz deutliche Anzeichen, dass wir es mit dieser Klasse von Wesen zu tun haben. Jeder, der die Geschichten von Elfen und Feen studiert, weiß, wie oft darin irgendeine geheimnisvolle Salbe oder ein Zaubermittel erwähnt wird, die, wenn jemand seine Augen damit bestreicht, ihn befähigt, die Wesen des Elfenreiches zu sehen und zu treffen.

Häufig wird dann in Geschichten dieser Art weitererzählt, dass der Mensch, der eine solche Zaubersalbe benutzt hat, wenn er einem Elfenwesen in irgendeiner Weise seine neue Fähigkeit verrät, von letzterem ins Auge gestochen und so nicht nur der ätherischen Sehkraft, sondern auch der physischen beraubt wird.

Wenn die erworbene Sehkraft astral gewesen wäre, dann würde ein solches Verfahren vollkommen nutzlos gewesen sein, denn keine Beschädigung des physischen Organs kann die astrale Sehkraft berühren; ist aber die durch die Salbe hervorgerufene Sehkraft ätherisch, dann wird die Zerstörung des physischen Auges sie in den meisten Fällen plötzlich auslöschen, da das Auge der Mechanismus ist, durch den diese Fähigkeit wirkt.

Ferner wird jeder, der diese eben besprochene Kraft des Hellsehens besitzt, auch imstande sein, den Ätherkörper des Menschen wahrzunehmen. Da aber dieser in der Größe fast ganz identisch mit dem physischen ist, so erregt er kaum die Aufmerksamkeit, außer wenn er im Trance-Zustand oder unter dem Einfluss von Betäubungsmitteln teilweise nach außen tritt. Wenn er sich nach dem Tod ganz von seinem physischen Körper trennt, ist er dem Hellseher deutlich sichtbar und kann öfters über frischen Gräbern schwebend gesehen werden, wenn man durch Friedhöfe geht. Bei spiritistischen Sitzungen wird solch ein Hellseher den Ätherstoff aus der Seite des Mediums allmählich ausströmen sehen, und er kann beobachten, in welcher unterschiedlichen Weise die sich mitteilenden Wesenheiten diesen zu ihren Zwecken benutzen.

Eine andere Tatsache, die ihm ganz sicher bald zum Bewusstsein kommen wird, ist die Erweiterung seiner Wahrnehmung in Bezug auf Farben. Er wird fähig sein, einige gänzlich neue Farben zu sehen, die nicht im Geringsten den uns jetzt bekannten ähnlich sind und daher mit den uns zur Verfügung stehenden Worten nicht beschrieben werden können. Auch wird er nicht nur neue Gegenstände sehen, die ganz diesen neuen Farben angehören, sondern er wird zudem entdecken, dass die ihm bekannten Dinge ihre Färbung verschiedentlich verändert haben, je nachdem sie irgendeine Schattierung dieser neuen Farben mit den alten vermischt tragen oder nicht, so dass zwei Farbflächen, die dem gewöhnlichen Auge wie eine erscheinen, seinem schärferen Blick oft deutlich verschiedene Schattierungen zeigen.

Wir haben jetzt einige der hauptsächlichsten Veränderungen besprochen, die in den Anschauungskreis eines Menschen eintreten, wenn er die ätherische Sehkraft erlangt. Es sei daran erinnert, dass in den meisten Fällen auch in seinen anderen Sinnen zu gleicher Zeit entsprechende Veränderungen eintreten werden, so dass er fähig sein wird, mehr als die meisten seiner Umgebung zu hören und vielleicht auch zu fühlen. Nehmen wir nun an, dass er außerdem noch die Kraft erlangt, auf dem Astralplan zu sehen, welche weiteren Veränderungen würden dann eintreten?

Diese würden sehr groß und mannigfaltig sein. Eine ganz neue Welt erschlösse sich tatsächlich seinen Augen. Wir wollen ihre Wunder kurz in derselben Ordnung betrachten wie vorher und zuerst den Unterschied klarlegen, der in der Erscheinung lebloser Dinge eintreten würde. Ich will damit beginnen, hier eine kürzlich darüber in der Zeitschrift »The Vahan« gegebene eigenartige Antwort anzuführen.

»Es besteht ein großer Unterschied zwischen ätherischem und astralem Sehen, und das letztere scheint mit der vierten Dimension in Beziehung zu stehen.«

Um den Unterschied zu begreifen, wird es am besten sein, ein Beispiel zu nehmen. Wenn jemand einen Mann mit beiden Sehkräften nacheinander betrachtet, dann sieht er in beiden Fällen die Knöpfe auf der Rückseite seiner Jacke, nur würde er sie beim ätherischen Sehen durch ihn hindurchsehen und würde die Innenseite als am nächsten liegend betrachten können; beim astralen Schauen dagegen würde er dies nicht nur so beobachten können, sondern von allen Seiten, als ob er direkt hinter dem Mann stände.

Oder wenn man einen hölzernen Würfel, der auf allen Seiten beschrieben ist, mit dem ätherischen Auge betrachtet, so würde der Würfel als aus Glas, also ganz und gar durchsichtig erscheinen. Die Schrift auf der gegenüberliegenden Seite würde man verkehrt sehen, während die auf der rechten und linken Seite stehende Schrift nur dann deutlich sichtbar würde, wenn man sich weiterbewegt, da man sie sonst von der Seite aus betrachten müsste. Mit der astralen Schau jedoch würde man alle Seiten mit einem Male beobachten können und alle in der rechten Stellung, so als ob die Seiten des Würfels auf einer Ebene ausgebreitet würden, und man könnte auch jeden Teil im Inneren ebenso gut sehen, zwar nicht durch die anderen hindurch, sondern ganz vor einem aufgerollt. Man würde ihn von einer anderen Richtung betrachten, im rechten Winkel zu allen uns bekannten Richtungen.

»Betrachtet man die Rückseite einer Uhr ätherisch, dann sieht man durch sie hindurch alle Räder und durch diese das Zifferblatt, aber verkehrt. Beim astralen Schauen jedoch sieht man das Zifferblatt in der rechten Lage und alle Räder einzeln daliegen, aber nicht eins über dem anderen.«

Hier haben wir mit einem Male den Grundton, den wichtigsten Umstand bei dem Wechsel; der Mensch sieht jetzt alles von einem durchaus neuen Standpunkt aus, anders als irgendetwas, das er sich jemals vorher hat vorstellen können. Es bietet ihm nicht mehr die geringste Schwierigkeit, irgendeine Seite in einem geschlossenen Buch zu lesen, weil er sie jetzt nicht mehr durch alle anderen davor- oder dahinterliegenden Seiten hindurch zu sehen hat, sondern sie gerade vor sich sieht, so als ob sie die einzige sichtbare Seite wäre. Die Tiefe, in der eine Metall- oder Kohlenader liegt, ist ihm jetzt kein Hindernis mehr, weil er jetzt nicht mehr durch die dazwischenliegende tiefe Erde hindurchblickt. Die Dicke einer Wand oder die Anzahl der Wände, die sich zwischen dem Beobachter und seinem Objekt befinden, würden für das ätherische Sehen einen großen Unterschied ausmachen, doch bei dem astralen Schauen nicht den geringsten, weil sie dann gar nicht zwischen den Beobachter und seinen Gegenstand zu liegen kämen. Das klingt natürlich paradox und scheint unmöglich, und es ist für den, der nicht besonders dazu geschult ist, die Vorstellung zu begreifen, ganz unerklärlich, und dennoch ist es absolut wahr.

Das führt uns mitten in die viel umstrittene Frage der vierten Dimension – eine Frage von tiefstem Interesse.

Der Besitz dieser außerordentlichen und kaum zu erklärenden Kraft muss aber nun bei allem, was folgt, im Gedächtnis behalten werden. Diese legt jeden Punkt im Inneren jedes festen Körpers dem Blick des Sehers absolut offen vor, gerade so, wie jeder Punkt im Inneren eines Kreises sich dem Blick des darauf Schauenden zeigt.

Aber selbst das ist durchaus nicht alles, was diese Kraft ihrem Träger verleiht. Er sieht nicht nur ebenso gut die Innenseite wie die Außenseite jedes Gegenstandes, sondern auch dessen astrales Gegenstück. Jedes Atom und Molekül der physischen Materie hat seine entsprechenden astralen Atome und Moleküle, und die Masse, die daraus aufgebaut ist, ist einem Hellseher deutlich sichtbar. Gewöhnlich ragt das astrale Gegenstück eines Gegenstandes etwas über den physischen Teil desselben hinaus, und so sieht man Metalle, Steine und andere Dinge von einer astralen Aura umgeben.

Man kann daraus ersehen, dass man selbst beim Studium der anorganischen Materie unendlich durch den Besitz dieser Sehkraft gewinnt. Man sieht nicht nur den astralen Teil des betrachteten Gegenstandes, der vorher ganz verborgen war, man sieht nicht nur viel mehr von seiner physischen Gestalt als früher, sondern auch das, was schon bisher sichtbar war, wird jetzt viel klarer und richtiger gesehen. Ein kurzes Nachdenken hierüber wird zeigen, dass diese neue Sehkraft einer wahren Vorstellung viel näherkommt als das physische Sehen. Wenn man einen zum Beispiel gläsernen Würfel astral betrachtet, dann werden alle Seiten desselben gleich erscheinen, wie sie es auch tatsächlich sind, während man auf dem physischen Plan die entferntere Seite in der Perspektive sieht – sie erscheint also kleiner als die näherliegende Seite, was natürlich nur eine Täuschung ist, die von unserer physischen Beschränktheit herrührt.

Wenn wir nun sehen, welche zusätzlichen Möglichkeiten die astrale Schau beim Beobachten lebender Wesen bietet, dann erkennen wir wohl noch klarer die Vorteile des astralen Schauens. Es zeigt dem Hellseher die Aura der Pflanzen und Tiere. Auch ihre Begierden und Empfindungen sowie die Gedanken liegen klar vor seinen Augen.

Aber im Verkehr mit Menschen wird man den Wert dieser Kraft wohl am meisten schätzen, denn der Hellseher wird oft imstande sein, ihnen weit besser zu helfen, wenn er sich durch die Informationen leiten lässt, die er durch die Gabe des höheren Schauens empfängt.

Er wird fähig sein, die Aura bis zum Astralkörper zu sehen, und obgleich die höheren Körper des Menschen noch vor seinem Blick verborgen sind, so wird er es durch sorgfältige Beobachtung dennoch möglich finden, über diese höheren Körper mancherlei aus dem zu erfahren, was innerhalb seines Bereiches liegt. Seine Fähigkeit, den Ätherkörper zu beobachten, wird ihm sehr hilfreich dabei sein, Mängel und Krankheiten des Nervensystems zu erkennen, während er aus dem Aussehen des Astralkörpers sogleich alle Empfindungen, Leidenschaften, Wünsche und Neigungen des sich vor ihm befindenden Menschen wahrnimmt, wie auch viele von seinen Gedanken.

Wenn er jemanden ansieht, dann wird er ihn von dem leuchtenden Nebel seiner astralen Aura umgeben sehen, die von allerlei glänzenden Farben durchzuckt ist und sich bei jedem neu auftretenden Gedanken oder Gefühl beständig in Färbung und Glanz ändert. Er wird diese Aura von dem schönen Rosa der reinen Liebe, dem reichen Blau der Hingebung, dem harten, trüben Braun der Selbstsucht, dem tiefen Scharlachrot des Zornes, dem schmutzigen Rot der Sinnlichkeit, dem bleiernen Grau der Furcht, den schwarzen Wolken des Hasses und der Bosheit oder von irgendeinem anderen der hundertfältigen Anzeichen überflutet sehen, die ein geübtes Auge so leicht zu lesen lernt. So wird niemand mehr seine wahren Gefühle über irgendeinen Gegenstand vor einem in dieser Weise Schauenden verbergen können.

Diese verschiedenen Andeutungen über die Aura sind an und für sich ein Studium von höchstem Interesse, aber es fehlt hier an Raum, um eingehend darüber zu sprechen. In meinem Buch »Der sichtbare und der unsichtbare Mensch« findet man Ausführliches über die Aura, erklärt anhand einer großen Anzahl farbiger Illustrationen.

Die astrale Aura zeigt dem Hellseher nicht nur die zeitweilige Wirkung der im Moment durch sie hindurchziehenden Empfindung, sondern sie gibt ihm auch durch die Anordnung und Proportionen der Farben im Zustand verhältnismäßiger Ruhe einen Aufschluss über die allgemeinen Neigungen und den Charakter ihres Eigentümers. Der Astralkörper ist der Ausdruck von all dem, was sich vom Menschen auf dem Astralplan ausdrücken kann, so dass man von dem, was man hier sieht, mit beträchtlicher Sicherheit auf Vieles schließen kann, was den höheren Plänen angehört.

In seiner Beurteilung des Charakters wird ein Hellseher von dem Teil des Denkens der betreffenden Person unterstützt werden, der sich auf dem Astralplan manifestiert und infolgedessen auch in seinen Gesichtskreis tritt. Die wahre Heimat des Gedankens liegt natürlich auf dem Mentalplan, und jeder Gedanke zeigt sich dort als eine Schwingung des Mentalkörpers. Ist jedoch der Gedanke in irgendeiner Weise selbstsüchtig oder irgendwie mit einer Empfindung oder einem Wunsch verbunden, dann steigt er sogleich in die astrale Welt hinab und nimmt eine sichtbare Form von Astralmaterie an.

Bei der Mehrzahl der Menschen werden fast alle Gedanken unter die eine oder andere dieser Bezeichnungen fallen, so dass tatsächlich ihre ganze Persönlichkeit klar vor der astralen Sehkraft liegen wird, da ihre Astralkörper und die beständig von ihnen ausstrahlenden Gedankenformen wie ein offenes Buch sind, in dem ihre Charakterzüge so deutlich geschrieben stehen, dass der, welcher sie zu lesen vermag, es sicher tut. Jeder, der Aufschluss darüber haben will, wie die Gedankenformen sich dem Hellseher zeigen, mag darüber in dem von mir gemeinsam mit Annie Besant verfassten Buch »Gedankenformen« nachlesen und die beigefügten Illustrationen betrachten.

Wir haben nun gesehen, welche Veränderung in der Erscheinung sowohl der leblosen als auch der belebten Gegenstände eintritt, wenn jemand, der die volle astrale Sehkraft hat, sie betrachtet. Es soll nun beschrieben werden, was für gänzlich neue Dinge gesehen werden können. Der Seher wird sich einer weit größeren Fülle in der Natur nach mancherlei Richtungen hin bewusst sein, doch wird seine Aufmerksamkeit hauptsächlich von den Lebewesen dieser neuen Welt angezogen werden. Eine ausführliche Schilderung derselben wurde bereits in dem Abschnitt über die »Astralebene« gegeben. Hier sollen nur einige Klassen der mannigfaltigen Bewohner der Astralwelt erwähnt werden.

Wer sie zu sehen vermag, wird einen Eindruck bekommen von den proteusartigen Formen der endlosen Flut der Elementalessenz, die ihn ewig wirbelnd, oft gleichsam drohend umgibt, sich aber stets vor einer entschiedenen Anstrengung des Willens zurückzieht. Er wird erstaunt sein über die große Schar von Wesenheiten, die durch die guten oder bösen Gedanken und Wünsche der Menschen in diesem weiten Meer für eine Zeit lang zu einem gesonderten Dasein berufen werden. Er wird die mannigfaltigen Arten der Naturgeister bei ihrer Arbeit oder ihren Spielen beobachten können; und bisweilen wird er fähig sein, mit immer größerem Entzücken die wunderbare Evolution einiger der niederen Arten aus dem herrlichen Reich der Devas zu studieren, die in gewisser Beziehung den Scharen der Engel in der christlichen Terminologie entsprechen.

Aber vielleicht werden ihn noch mehr als alle diese die menschlichen Bewohner der Astralwelt interessieren, und er wird herausfinden, dass sie zwei großen Klassen angehören – nämlich denen, die wir die Lebenden nennen, und jenen anderen, meist viel lebendigeren Wesen, die wir mit einer so törichten Fehlbezeichnung »Tote« nennen. Unter den Ersten wird er bisweilen jemanden finden, der vollständig wach und bewusst ist, der vielleicht ausgeschickt wurde, um ihm eine Botschaft zu bringen oder ihn scharf beobachtet, um zu sehen, was für Fortschritte er macht, während die meisten seiner Nachbarn, wenn sie im Schlaf ihren physischen Körper verlassen haben, müßig umhertreiben und so in ihre eigenen Gedanken eingehüllt sind, dass sie sich dessen, was um sie her vorgeht, gar nicht bewusst werden.

Unter der großen Schar der kürzlich Verstorbenen wird er alle Grade von Bewusstsein und Intelligenz finden, und die verschiedensten Charaktere – denn der Tod, der unserer beschränkten Sehkraft als ein so absoluter Wechsel erscheint, ändert in Wirklichkeit den Menschen selbst gar nicht. Am Tage nach seinem Tod ist er genau derselbe Mensch, der er vorher war, mit denselben Neigungen, denselben Eigenschaften, denselben Tugenden und Lastern, nur mit dem Unterschied, dass er seinen physischen Körper abgeworfen hat. Doch macht der Verlust desselben in keinerlei Weise einen anderen Menschen aus ihm, nicht mehr, als etwa das Ausziehen eines Kleidungsstückes das zu tun vermöchte. So wird also unser Forscher in der Astralwelt unter den Toten intelligente und dumme, gutherzige und mürrische, ernste und leichtsinnige, spirituelle und sinnliche Menschen finden, gerade so wie unter den Lebenden.

Da er die Toten nicht nur sehen, sondern auch mit ihnen sprechen kann, so kann er ihnen oft sehr nützlich sein und ihnen Informationen und Belehrungen geben, die für diese von unschätzbarem Wert sind. Viele von ihnen befinden sich in einem Zustand der größten Überraschung und Verwirrung und bisweilen sogar heftiger Qual, weil sie die Tatsachen der anderen Welt so ganz ungleich den kindischen Legenden finden, die alles sind, was die volkstümliche Religion des Westens über diesen äußerst wichtigen Gegenstand zu bieten hat, und daher ist jemand, der diese neue Welt versteht und darüber Aufklärung geben kann, tatsächlich ein Helfer in der Not.

Auch auf vielfältige andere Weise kann ein Mensch, der diese Fähigkeit vollkommen besitzt, den Lebenden sowie den Toten hilfreich sein.[1] Außer den astralen Wesenheiten wird er auch astrale Leichen sehen – Schatten und Schalen in allen Stadien des Zerfalles.

Eine weitere wundervolle Wirkung, die der volle Besitz des astralen Hellsehens zur Folge hat, ist die Kontinuität seines Bewusstseins. Wenn er sich abends schlafen legt, dann überlässt er seinen physischen Körper der Ruhe, die dieser benötigt, während er in seinem viel bequemeren Astralkörper seinen Aufgaben nachgeht. Am Morgen kehrt er zurück und geht wieder in seinen physischen Körper ein, aber ohne im Geringsten das Bewusstsein oder die Erinnerung zwischen den beiden Zuständen zu verlieren. So ist er imstande, gleichsam ein Doppel-Leben zu führen, das dennoch nur eins ist, und sich während der ganzen Zeit seines Lebens nützlich zu betätigen, anstatt ein Drittel davon in stumpfer Bewusstlosigkeit zu verlieren.

Eine andere seltsame Macht, in deren Besitz er sich befindet (obgleich die volle Herrschaft darüber eher den mentalen Fähigkeiten angehört), ist die, dass er das kleinste physische oder astrale Atom ganz nach Belieben vergrößern kann, etwa wie durch ein Mikroskop – wenngleich es kein Mikroskop gibt und wahrscheinlich auch nicht geben wird, das nur den tausendsten Teil dieser vergrößernden psychischen Kraft besitzt. Dadurch wird das hypothetische Molekül und Atom, das die Wissenschaft an-

---

1   Vgl. dazu: C. W. Leadbeater, Das Leben in der Gestigen Welt, Grafing 2009.

genommen hat, für den Esoteriker eine sichtbare und lebendige Wirklichkeit, und bei dieser näheren Prüfung findet er, dass sie viel zusammengesetzter und komplexer ist, als die Wissenschaftler es je vermutet haben. Er wird auch fähig, mit der äußersten Aufmerksamkeit und dem lebhaftesten Interesse alle Arten der elektrischen, magnetischen und anderen feinstofflichen Funktionen zu verfolgen. Wenn einige der Spezialisten in diesen Zweigen der Wissenschaft fähig werden, die Kraft zu entwickeln, um das zu sehen, worüber sie so leicht schreiben, dann kann man wunderbare und schöne Offenbarungen erwarten.

Das ist eine der *siddhis* oder Kräfte, von denen in östlichen Büchern gesagt wird, dass sie in denjenigen Menschen erwachen, die sich der spirituellen Entwicklung hingeben, obgleich die Namen, unter denen sie darin erwähnt werden, vielleicht nicht sogleich zu erkennen sind. So wird darin »eine Kraft« genannt, »sich selbst nach Belieben groß oder klein zu machen«, und der Grund für diese Beschreibung, die die Tatsache in so seltsamer Weise umzukehren scheint, ist der, dass die Methode, durch die das Kunststück zustande gebracht wird, gerade die in diesen alten Büchern angegebene ist. Durch die Benützung eines zeitweiligen Sehwerkzeugs von unvorstellbarer Kleinheit wird die Welt des unendlichen Kleinen so deutlich gesehen; und in derselben (oder vielmehr in der entgegengesetzten) Weise, indem man den Umfang des benutzten Mechanismus zeitweise enorm vergrößert, wird es möglich, unseren Blick zu erweitern – im physischen Sinne sowohl wie hoffentlich auch im moralischen – viel weiter, als die Wissenschaft es jemals für den Menschen für möglich erachtet hat. So ist also die Veränderung in der Größe tatsächlich im Bewusstseinsträger des Forschers zu suchen und nicht in irgendetwas, das außer ihm liegt. Die alte Weisheit Asiens hat diesen Fall genauer beschrieben als viele neuzeitliche Forscher.

Bis jetzt wurde, wenngleich nur in sehr allgemeinen Umrissen, beschrieben, was ein geschulter Forscher, der die volle Kraft des astralen Hellsehens besitzt, in der unendlich größeren Welt, die sich ihm durch dieses Schauen erschließt, sehen würde; aber es ist noch nichts von der erstaunlichen Veränderung in seiner Denkungsweise gesagt worden, die bewirkt wird durch die durch eigene Erfahrung errungene Gewissheit von der Existenz der Seele, ihrem Fortleben nach dem Tode, der Wirkung des Karma-Gesetzes und anderer Fragen von gleichgroßer Wichtigkeit. Man muss den Unterschied zwischen der, wenngleich stärksten intellektuellen Überzeugung und der bestimmten Kenntnis, die man durch persönliche Erfahrung erlangt hat, fühlen, um ihn richtig zu schätzen.

III. TEILWEISES EINFACHES HELLSEHEN

Die Erfahrungen des ungeschulten Hellsehers jedoch – und es sei daran erinnert, dass zu dieser Klasse nahezu alle europäischen Hellseher außer einigen wenigen gehören – werden weit hinter dem zurückbleiben, was ich versucht habe zu schildern. Sie werden in mancherlei Weise dahinter zurückbleiben – im Grad, in der Mannigfaltigkeit oder in der Fortdauer, besonders aber in der Genauigkeit.

So wird bei manchen die Fähigkeit des Hellsehens bleibend, aber sehr einseitig sein und sich nur auf eine oder zwei Klassen der zu beobachtenden Phänomene erstrecken. Sie werden sich vielleicht mit irgendeinem einzelnen Bruchteil der höheren Sehkraft begabt finden, offensichtlich ohne die anderen Kräfte des Sehens zu besitzen, die gewöhnlich damit in Verbindung stehen oder oft sogar diesem Bruchteil vorausgehen. Einer meiner besten Freunde hat sein ganzes Leben hindurch die Gabe besessen, den atomischen Äther und die atomische Astralmaterie zu sehen und sowohl in der Dunkelheit als auch bei Licht ihre Struktur zu erkennen und wie sie alles andere durchdringt, aber er hat nur selten Wesenheiten gesehen, deren Körper aus den viel leichter sichtbaren niederen ätherischen oder dichteren astralen Stoffen bestehen – jedenfalls ist er nicht ständig fähig, sie wahrzunehmen. Er ist einfach im Besitz dieser besonderen Fähigkeit, ohne irgendeinen offensichtlichen Grund dafür und ohne irgendeine erkennbare Beziehung zu etwas anderem, außer dass ihm dadurch die Existenz dieser atomischen Pläne bewiesen und ihre Anordnung gezeigt wird. Man kann nicht leicht einsehen, wozu sie ihm jetzt nützen soll. Doch sie ist da, und sie ist ein Pfand für Größeres, das kommen wird – für weitere Kräfte, die noch ihrer Entwicklung harren.

Es gibt viele Fälle – ähnlich nicht in dem Besitz dieser besonderen Form der Sehfähigkeit, die nach meiner Erfahrung einzig ist, sondern darin, dass sie die Entwicklung eines nur kleinen Teiles des vollen und klaren Schauens auf dem Astral- und Ätherplan zeigen. In neun Fällen unter zehn wird es bei solch einseitigem Hellsehen jedoch an Genauigkeit fehlen. Es werden oft nur sehr unbestimmte Eindrücke und Schlussfolgerungen zu Tage treten, anstatt der klar umrissenen Definition und der Sicherheit des darin geschulten Sehens. Beispiele dieser Art findet man sehr häufig und besonders unter den Leuten, die sich als »Berufs-Hellseher« anpreisen.

Dann gibt es wieder solche, die nur zeitweise hellsehend sind – und zwar nur unter gewissen besonderen Bedingungen. Unter diesen gibt es verschiedene Unterabteilungen, einige davon sind imstande, den Zustand des Hellsehens nach Belieben hervorzubringen, indem sie dieselben Bedingungen wieder herbeiführen, während das Hellsehen bei anderen sporadisch auftritt, ohne irgendeine wahrnehmbare Beziehung zu ihrer Umgebung, und bei manchen zeigt sich die Fähigkeit überhaupt nur ein oder zwei Mal in ihrem Leben.

Zu der ersten dieser Unterabteilungen gehören jene, die nur im magnetischen Trance-Zustand hellsehend, aber außerhalb dieses Zustandes unfähig sind, irgendetwas Außergewöhnliches zu sehen oder zu hören. Diese können bisweilen einen hohen Grad von Erkenntnis erlangen und außerordentlich genau in ihren Angaben sein. Wenn dies der Fall ist, dann machen sie gewöhnlich einen Lehrgang regelmäßiger Schulung durch, sind aber dennoch aus irgendeinem Grund unfähig, sich ohne fremde Hilfe von dem bleiernen Gewicht des irdischen Lebens freizumachen.

In dieselbe Klasse können wir diejenigen einreihen – es sind hauptsächlich Asiaten – die nur unter dem Einfluss gewisser Drogen oder durch das Ausüben gewisser Zeremonien vorübergehend hellsehend werden. Der die Zeremonie Ausübende hypnotisiert sich bisweilen selbst durch die Wiederholung derselben und wird in diesem Zustand bis zu einem gewissen Grade hellsehend. Häufig versetzt er sich einfach in einen passiven Zustand, in dem irgendeine andere Wesenheit von ihm Besitz ergreifen und durch ihn sprechen kann. Bisweilen haben seine Zeremonien aber gar nicht den Zweck, auf ihn selbst einzuwirken, sondern dienen dazu, irgendeine astrale Wesenheit anzurufen, die ihm die gewünschte Auskunft erteilt – aber das ist natürlich ein Beispiel von Magie und nicht von Hellsehen. Sowohl die Drogen als auch die Zeremonien sind Methoden, die streng zu vermeiden sind von denen, welche die höhere Seite des Hellsehens erreichen und diese Gabe für ihren eigenen Fortschritt und zur Hilfe anderer anwenden wollen. Der mittelafrikanische Medizinmann oder Zauberdoktor und einige der Schamanen unter den Tataren sind gute Beispiele für diesen Typus.

Diejenigen, die nur gelegentlich über eine gewisse hellseherische Kraft verfügen, ohne dass sie es selbst wünschen, sind oft hysterische und sehr nervöse Personen, bei denen diese Gabe zum großen Teil eines der Symptome ihrer Krankheit ist. Der physische Körper ist bei ihnen bis zu einem solchen Grad geschwächt, dass er für eine gewisse Art ätherischen oder astralen Schauens kein Hindernis mehr bietet. Ein extremes Beispiel dieser Klasse ist der Trinker, der sich im Zustand des Säuferwahnsinns befindet, und der in der Verfassung absoluten physischen Ruins und unreiner psychischer Erregung, die durch die Verwüstungen dieses grausigen Übels hervorgerufen werden, fähig ist, eine Zeit lang die ekelhaften Elementare und anderen Wesenheiten zu sehen, die er dadurch, dass er dieser erniedrigenden Leidenschaft so lange frönte, in seine Umgebung gezogen hat. Es gibt jedoch andere Fälle, bei denen die Kraft des Hellsehens aufgetreten und wieder verschwunden ist, ohne irgendeine erkennbare Beziehung zu ihrer physischen Gesundheit. Wahrscheinlich würde allerdings auch bei diesen, wenn man sie gründlich genug untersucht hätte, eine Veränderung im Zustand des Ätherkörpers zu konstatieren gewesen sein.

Diejenigen, die nur ein Beispiel von Hellsehen in ihrem ganzen Leben zu verzeichnen haben, sind wegen der großen Mannigfaltigkeit der begleitenden Umstände sehr schwer erschöpfend zu klassifizieren. Bei vielen ist diese Erfahrung an irgendeinem Höhepunkt ihres Lebens eingetreten, bei dem man verstehen kann, dass eine zeitweise Erhöhung ihrer Fähigkeiten stattgefunden hat, die genügen mag, um die Sachlage zu erklären.

Bei einer anderen Unterabteilung derselben ist dieser vereinzelte Fall das Sehen einer Erscheinung gewesen, die meistens von irgendeinem Freund oder Verwandten, der im Sterben lag, herrührte. Dabei können zwei Möglichkeiten vorliegen, und in jeder ist der starke Wunsch des Sterbenden die treibende Kraft. Diese Kraft mag ihn befähigt haben, sich für einen Moment zu materialisieren, in welchem Fall natürlich gar kein Hellsehen erforderlich war. Noch wahrscheinlicher ist, dass sie in magnetischer Weise auf den Beobachter gewirkt, für den Moment seine physische Empfänglichkeit eingeschläfert und seine höhere Sensitivität wachgerufen haben kann. In beiden Fällen ist die Vision die Wirkung dieses Ereignisses und wiederholt sich nicht, ganz einfach deshalb, weil die nötigen Bedingungen sich nicht wiederholen.

Es bleibt jedoch noch ein unaufklärbarer Rest von Fällen, in denen ein vereinzeltes Beispiel unzweifelhaften Hellsehens vorkommt, während uns die Gelegenheit, bei der es auftritt, ganz trivial und unwichtig erscheint. Über diese Fälle können wir nur

Hypothesen aufstellen. Die verursachenden Bedingungen bestehen augenscheinlich nicht auf dem physischen Plan, und jeder Fall müsste ganz besonders untersucht werden, bevor wir mit einiger Sicherheit über die Gründe sprechen könnten. In manchen Fällen schien es, als ob eine astrale Wesenheit sich bemühte, irgendeine Mitteilung zu machen, und nur imstande war, eine unwichtige Einzelheit derselben mitzuteilen – da der nützliche und wichtige Teil von dem, was sie zu sagen hatte, sich nicht dem Bewusstsein des Betreffenden einprägen ließ.

Bei der Erforschung der Erscheinungen des Hellsehens begegnet man allen diesen verschiedenen Typen und noch manchen anderen, und auch eine gewisse Anzahl von Fällen bloßer Halluzination tritt dabei sicherlich zu Tage, die sorgfältig von der Liste der Beispiele gestrichen werden muss. Wer diesen Gegenstand zu seinem Studium macht, der benötigt eine unerschöpfliche Geduld und eine feste Beharrlichkeit. Wenn er sich jedoch lange genug damit beschäftigt hat, dann wird er allmählich eine Ordnung in diesem Chaos entdecken und eine Ahnung bekommen von den großen Gesetzen, unter denen die ganze Evolution wirkt.

Es wird ihm in seinen Bemühungen sehr nützlich sein, wenn er in derselben Ordnung vorgeht, die wir angenommen haben, sich also zuerst die Mühe macht, sich so gründlich wie möglich mit den wirklichen Tatsachen der Welten vertraut zu machen, mit denen das gewöhnliche Hellsehen zu tun hat. Wenn er gelernt hat, was tatsächlich mit astralem und ätherischem Schauen zu sehen ist und welches die natürlichen Grenzen desselben sind, dann wird er sozusagen eine Richtschnur haben, mit der er die zu beobachtenden Fälle messen kann. Da alle Vorkommnisse des teilweisen Hellsehens sich notwendigerweise in dieses Ganze einfügen lassen müssen, so wird er, wenn er den Umriss des ganzen Schemas im Kopf hat, es mit einiger Übung als leicht empfinden, die Beispiele, mit denen er es zu tun hat, zu klassifizieren.

Bis jetzt haben wir noch nichts über die wunderbaren Möglichkeiten des Hellsehens auf dem Mentalplan gesagt, und es ist auch
nicht nötig, viel darüber zu sagen, da es äußerst unwahrscheinlich ist, dass der Forscher jemals Beispiele davon kennenlernen
wird, außer unter den entsprechend dafür vorbereiteten Schülern
in einigen der höchsten esoterischen Schulen. Diesen öffnet es
noch eine weitere Welt, die viel größer ist als alle darunter liegenden – eine Welt, in der alles, was wir uns an höchster Pracht
und Glanz vorstellen können, zum alltäglichen Leben gehört.

Alles, was diese neue Welt geben kann – wenigstens alles, was
er davon in sich verarbeiten kann – liegt im Bereich des trai-
nierten Schülers, aber für den ungeübten Hellseher ist es kaum
möglich, mit ihr in Berührung zu kommen. Es kann im magnetischen Trance-Zustand geschehen, kommt aber äußerst selten vor,
denn das verlangt fast übermenschliche Eigenschaften in Bezug
auf hohes spirituelles Streben und absolute Reinheit des Denkens und der Motive der Beteiligten.

Einer solchen Art des Hellsehens und der noch höheren, die
zu dem nächsten, darüber liegenden Plan gehört, kann man
mit Recht den Namen des *spirituellen Schauens* geben. Da die
himmlische Welt, für die es unsere Augen öffnet, jetzt und stets
um uns ist, ist es angebracht, sie schon in diesem Kapitel kurz zu
erwähnen, obgleich es nötig sein wird, wieder darauf zurückzu-
kommen, wenn das Hellsehen im Raum behandelt werden wird,
was im nächsten Kapitel geschehen soll.

IV. BEWUSSTES HELLSEHEN IM RAUM

Diese Art von Hellsehen ist als die Fähigkeit definiert worden,
Ereignisse oder Szenen sehen zu können, die räumlich von dem
Seher entfernt und zu weit für gewöhnliche Beobachtung sind.
Die Beispiele dafür sind so zahlreich und so mannigfaltig, dass
wir versuchen wollen, eine mehr ins Einzelne gehende Einteilung derselben zu geben. Die Art der Einteilung selbst ist von
keiner Wichtigkeit, sofern sie nur umfassend genug ist, um alle
anderen Fälle einzuschließen. Vielleicht wird es gut sein, sie unter die großen Hauptabteilungen des beabsichtigten und unbeab-
sichtigten Hellsehens im Raum zu gruppieren, mit einer dazwischenliegenden Klasse – ein sonderbarer Titel, den ich später erklären werde.

Ich beginne wieder damit, das zu beschreiben, was dem vollkommen geschulten Hellseher in dieser Hinsicht möglich ist, und
versuche zu erklären, wie und unter welchen Einschränkungen
seine Kraft wirkt. Danach werden wir die mannigfaltigen Beispiele des einseitigen und ungeschulten Sehens leichter verstehen
können. Was ist also zunächst über bewusstes Hellsehen zu sagen?

Aus dem, was früher über astrales Hellsehen gesagt wurde,
geht klar hervor, dass jeder, der diese Kraft ganz beherrscht, imstande ist, tatsächlich alles in dieser Welt zu sehen, was er zu

sehen wünscht. Die geheimsten Orte liegen seinem Blick offen, und dazwischenliegende Hindernisse existieren für ihn nicht wegen der Veränderung in seinem Aussichtspunkt, so dass, wenn wir ihm die Fähigkeit einräumen, sich in seinem Astralkörper fortzubewegen, er ohne Schwierigkeit überall hingehen und alles innerhalb der Grenzen des Planeten sehen kann. Tatsächlich ist ihm das auch in hohem Grade möglich, ohne dass er den Astralkörper bewegt, wie wir gleich sehen werden.

Betrachten wir die Methoden, mit denen dieses übernatürliche Schauen zur Anwendung kommen kann, um Ereignisse aus der Entfernung zu beobachten, etwas genauer. Wenn etwa ein Mensch in Europa bis in die kleinsten Einzelheiten sieht, was in demselben Moment in Indien oder in Amerika geschieht – wie geht das vor sich?

Es ist eine sehr geistreiche Hypothese aufgestellt worden, um diese Erscheinung zu erklären. Diese besagt, dass jeder Gegenstand fortwährend nach allen Richtungen Strahlen aussendet, die in mancher Beziehung den Lichtstrahlen ähnlich, wenngleich unendlich feiner sind als diese, und dass das Hellsehen nichts anderes ist als die Fähigkeit, mittels dieser feinen Ausstrahlung zu sehen. Die Entfernung würde in diesem Fall kein Hindernis für die Sichtbarkeit sein, da diese Strahlen alle dazwischen befindlichen Gegenstände durchdringen und imstande sind, sich wechselseitig uneingeschränkt in allen Richtungen zu durchkreuzen, ohne sich zu vermischen, genauso wie es die Schwingungen des gewöhnlichen Lichtes tun.

Obgleich das Hellsehen nicht genau in dieser Weise wirkt, so ist die Theorie in den meisten ihrer Prämissen dennoch ziemlich zutreffend. Es ist zweifellos, dass jeder Gegenstand nach allen Richtungen hin ausstrahlt, und genau in dieser Weise, obgleich auf einer höheren Ebene, scheint sich die Akasha-Chronik zu bilden. Da über diese im nächsten Kapitel etwas gesagt werden wird, brauchen wir sie hier nur kurz zu erwähnen. Die Erscheinungen der Psychometrie hängen auch von diesen Ausstrahlungen ab, wie gleich erklärt werden wird.

Es stehen jedoch einige Schwierigkeiten im Wege, wenn man diese ätherischen Schwingungen (denn das sind sie natürlich) als Mittel benutzen will, um etwas zu sehen, was in der Entfernung vor sich geht. Dazwischenliegende Gegenstände sind nicht ganz durchsichtig, und da die in der zu beobachtenden Szene auftretenden Personen wahrscheinlich wenigstens ebenso durchsichtig sind, so ist es klar, dass eine große Verwirrung daraus entstehen würde.

Die neue Dimension, die ins Spiel kommt, wenn astrale Ausstrahlungen statt ätherischer wahrgenommen werden, würde einigen der Schwierigkeiten vorbeugen, würde aber andererseits einige neue Komplikationen verursachen, so dass für unseren praktischen Zweck, wenn wir versuchen wollen, die Theorie des Hellsehens zu verstehen, diese Hypothese der Ausstrahlungen aus unseren Betrachtungen zu streichen ist. Wir müssen zu denjenigen Methoden des Sehens aus der Ferne übergehen, die dem Forscher tatsächlich zur Verfügung stehen. Man wird finden, dass es fünf Methoden gibt, von denen vier wirklich verschiedene Arten des Hellsehens sind, während die fünfte eigentlich nicht dazu gehört, sondern in das Gebiet der Magie fällt. Diese letzte soll zuerst betrachtet werden.

Hellsehen mit Hilfe eines Naturgeistes

Diese Methode erfordert durchaus nicht den Besitz einer physischen Fähigkeit vonseiten des Experimentierenden. Dieser muss nur wissen, wie er einen Bewohner der Astralwelt veranlassen kann, die Forschung für ihn anzustellen. Das kann entweder durch Anrufung oder durch Beschwörung geschehen. Der Betreffende kann entweder seinen astralen Gehilfen durch Gebete und Opfergaben überreden, ihm die Hilfe, die er wünscht, zu geben, oder er kann seine Hilfe durch die entschlossene Ausübung eines hoch entwickelten Willens erzwingen.

Diese Methode ist im Osten, wo die vermittelnde Wesenheit gewöhnlich ein Naturgeist ist, und im alten Atlantis sehr viel angewandt worden, wo die »Herren des dunklen Angesichts« eine hoch organisierte und besonders boshafte Art von künstlichen Elementalen zu diesem Zweck benutzten. Manchmal wird bei spiritistischen Sitzungen in unseren Tagen auf ähnliche Art Auskunft erlangt, aber dann ist der benutzte *Botschafter* meistens ein kürzlich verstorbenes menschliches Wesen, das sich mehr oder weniger frei auf dem Astralplan bewegt – wenngleich es auch hier bisweilen ein gefälliger Naturgeist sein kann, der sich zum Spaß als der verstorbene Verwandte des Betreffenden ausgibt. Jedenfalls hat diese Methode nichts mit Hellsehen zu tun, sondern mit Magie! Sie wird hier nur erwähnt, damit der Leser nicht in Verlegenheit gerät, falls er einmal versuchen sollte, derartige Fälle unter eine der folgenden Rubriken zu gruppieren.

Hellsehen mittels einer astralen Strömung

Das ist ein in der theosophischen Literatur häufig und ziemlich ungenau angewandter Ausdruck, um eine große Mannigfaltigkeit von Erscheinungen damit zu bezeichnen, unter anderen auch die, welche ich jetzt erklären will. Was tatsächlich durch den Forscher, der diese Methode annimmt, bewirkt wird, ist eigentlich nicht das In-Bewegung-Setzen eines Stromes aus Astralmaterie, sondern mehr die Errichtung eines zeitweiligen *Telefons*, das durch diese hindurchgeht.

Es ist unmöglich, hier eine erschöpfende Abhandlung über die astrale Physik zu geben, selbst wenn ich die erforderlichen Kenntnisse besäße, sie zu beschreiben. Es genügt zu wissen, dass es möglich ist, eine bestimmte Verbindungslinie aus Astralmaterie herzustellen, die wie ein Telegrafendraht wirkt, um Schwingungen zu übermitteln, durch die alles, was am anderen Ende desselben vorgeht, gesehen werden kann. Man muss nun verstehen, dass solch eine Linie nicht durch eine direkte Projektion durch den mit Astralmaterie gefüllten Raum entsteht, sondern indem man auf eine oder vielmehr auf viele Linien aus Teilchen dieses Stoffes in solcher Weise wirkt, dass sie einen Kanal für die gewünschten Schwingungen bilden.

Diese vorbereitende Wirkung kann in zweierlei Weise verursacht werden – entweder durch Kraftübertragung von einem Teilchen zum anderen, bis die Linie gebildet ist, oder durch Anwendung einer Kraft von einem höheren Plan aus, die fähig ist, gleichzeitig auf die ganze Linie zu wirken. Natürlich erfordert die letzte Methode eine weit höhere Entwicklung, da sie die Kenntnis von Kräften (und die Macht, sie zu gebrauchen) einer viel höheren Welt verlangt, so dass derjenige, der seine Linie in dieser Weise gestalten könnte, sie selbst überhaupt nicht benötigen würde, da er leichter und vollständiger mittels einer viel höheren Fähigkeit sehen könnte.

Selbst das einfachere rein astrale Verfahren ist schwer zu beschreiben, obgleich es leicht auszuführen ist. Man kann sagen, dass es dem Magnetisieren einer Eisenstange ähnlich ist; denn es besteht eigentlich aus der durch eine Anstrengung des menschlichen Willens hervorgerufenen Polarisation einer Anzahl paralleler Linien von Astralatomen, die von dem Seher zu der Szene reichen, die er beobachten will. Alle so berührten Atome werden während der Zeit mit ihren Achsen genau parallel zueinander gehalten, so dass sie eine Art Röhre, die nur auf kurze Zeit besteht, bilden, durch die der Hellseher blicken kann. Diese Methode hat den Nachteil, dass die Telegrafen-Linien der Beschädigung oder sogar der Zerstörung ausgesetzt sind durch irgendeinen genügend starken astralen Strom, der zufällig ihren Weg kreuzt. Ist aber die ursprüngliche Willensanstrengung ziemlich entschieden, dann kommt das äußerst selten vor.

Der Anblick einer entfernten Szene, den man mittels dieses »astralen Stromes« genießt, ist in mancher Beziehung dem durch ein Teleskop gesehenen ähnlich. Menschliche Gestalten erscheinen gewöhnlich sehr klein, wie auf einer entfernten Bühne, aber trotz dieser Verkleinerung erscheinen sie so deutlich, wie aus der Nähe gesehen. Bisweilen ist es auf diesem Wege ebenso gut möglich zu hören, was gesagt wird, wie zu sehen, was geschieht. Da dies aber in den meisten Fällen nicht eintritt, so müssen wir es eher als eine neu hinzutretende Kraft ansehen und nicht als eine notwendige Beigabe der Sehfähigkeit.

Man wird bemerken, dass der Seher in diesem Fall seinen physischen Körper gewöhnlich gar nicht verlässt. Er schickt weder seinen Astralkörper noch irgendeinen anderen Teil seiner selbst von sich aus in die Richtung, in die er blickt, sondern er erstellt sich einfach ein zeitweiliges astrales Teleskop. Er verfügt folglich bis zu einem gewissen Grad über den Gebrauch seiner physischen Kräfte, auch während er die entfernte Szene beobachtet. Er beherrscht auch noch seine Stimme, so dass er beschreiben kann, was er sieht, während er seine Beobachtungen anstellt. Das Bewusstsein des Menschen ist an diesem Ende der Linie tatsächlich noch deutlich.

Diese Tatsache hat jedoch ebenso ihre Beschränkungen wie ihre Vorteile, und auch diese gleichen in mancherlei Hinsicht den Beschränkungen, denen ein Mensch ausgesetzt ist, wenn er auf dem physischen Plan ein Teleskop benutzt. Der Beobachter kann seinen Gesichtspunkt nicht ändern; sein Teleskop hat sozusagen ein besonderes Anschauungsfeld, das nicht vergrößert oder geändert werden kann. Er betrachtet seine Szene von einer bestimmten Richtung aus, und er kann sich nicht plötzlich umwenden und sehen, wie sie von der anderen Seite aussieht. Wenn er genügend physische Kraft auszugeben hat, dann kann er das

Teleskop, das er benutzt, fallen lassen und sich ein gänzlich neues anfertigen, das sein Objekt ihm in etwas anderer Weise näherbringt. Aber dieses Verfahren wird wahrscheinlich nicht leicht in der Praxis angewandt werden.

Doch man wird vielleicht sagen, dass die bloße Tatsache, dass er astrales Hellsehen anwendet, ihn befähigen sollte, die Szene von allen Seiten zu gleicher Zeit zu sehen. Das würde der Fall sein, wenn er diese Kraft in normaler Weise auf einen Gegenstand richtete, der ihm ziemlich nahe ist – sozusagen innerhalb seiner astralen Reichweite. Bei einer Entfernung von hunderten oder tausenden von Meilen liegt der Fall ganz anders. Astrales Schauen gibt uns den Vorteil einer neuen Dimension, doch gibt es noch so etwas wie eine *Position* in dieser Dimension, und das ist natürlich ein mächtiger Faktor, der den Gebrauch der Kräfte auf diesem Plan beschränkt. Die gewöhnliche dreidimensionale Sehkraft befähigt den Menschen, zu gleicher Zeit jeden Punkt im Inneren einer zweidimensionalen Figur, wie zum Beispiel einem Quadrat, zu sehen, aber damit das möglich wird, muss sich das Quadrat innerhalb einer vernünftigen Entfernung von unseren Augen befinden. Die bloße neue Dimension wird einem Menschen, der sich in London aufhält, nur wenig in seinem Bemühen helfen, ein Quadrat in Kalkutta zu betrachten.

Wenn die astrale Sehkraft dadurch eingeengt wird, dass sie durch eine Art Röhre gelenkt wird, dann wird sie ebenso eingeschränkt, wie auch das physische Sehen unter ähnlichen Umständen beschränkt würde, obgleich es, wenn man im vollen Besitz der Kraft ist, fortfahren wird, selbst aus der Entfernung, die Auren zu zeigen und dadurch die Empfindungen und die meisten Gedanken der beobachteten Personen.

Vielen Menschen fällt diese Art des Hellsehens sehr viel leichter, wenn sie irgendeinen physischen Gegenstand in der Hand haben, der als Ausgangspunkt für ihre astrale Röhre benutzt werden kann – als passender Brennpunkt für ihre Willenskraft.

Eine Kristallkugel ist der gewöhnlichste und wirksamste solcher Brennpunkte, da sie den großen Vorteil bietet, selbst Eigenschaften zu besitzen, die physische Kräfte anregen und stärken. Es werden aber auch andere Gegenstände benutzt, auf die wir später noch zurückkommen werden, wenn wir das zum Teil bewusste Hellsehen behandeln.

Beim Studium dieser astralen Stromform des Hellsehens finden wir, dass es einige Hellseher gibt, die unfähig sind, sie zu benutzen, außer wenn sie unter mesmerischem Einfluss stehen. Das Besondere dabei ist, dass es unter diesen Hellsehern zwei verschiedene Arten gibt, die eine, bei welcher der Mensch, nachdem er durch den magnetischen Einfluss frei geworden ist, sich imstande sieht, sich selbst ein Teleskop zu machen, die andere, bei der der Magnetiseur fähig ist, durch dieses hindurchzusehen. In jenem Fall hat die Versuchsperson augenscheinlich nicht Kraft genug, um sich selbst eine Röhre zu bilden, und der Magnetiseur, obgleich er über die nötige Willenskraft verfügt, ist nicht hellsehend, sonst könnte er durch seine eigene Röhre ohne fremde Hilfe hindurchschauen.

Bisweilen, wenngleich selten, besitzt die geformte Röhre noch eine andere Eigenschaft des Teleskops – jene, die Gegenstände zu vergrößern, auf die sie gerichtet ist, bis sie Lebensgröße zu haben scheinen. Natürlich müssen die Gegenstände immer bis zu einem gewissen Grad vergrößert werden, denn sonst würden sie völlig unsichtbar sein, aber gewöhnlich richtet sich das nach der Größe der astralen Röhre, und das Ganze ist einfach ein winziges sich bewegendes Bild. In den wenigen Fällen, in denen die Figuren nach dieser Methode wie in Lebensgröße gesehen werden, ist es wahrscheinlich, dass eine ganz neue Kraft dabei auftaucht. Wenn dies geschieht, dann ist eine scharfe Beobachtung nötig, um sie von den Beispielen unserer nächsten Klasse zu unterscheiden.

Hellsehen durch die Projektion einer Gedankenform

Diese Methode des Hellsehens verlangt eine etwas höhere Entwicklung als die vorige, da sie eine gewisse Beherrschung des Mentalplanes bedingt. Die theosophischen Forscher wissen, dass der Gedanke Form annimmt, jedenfalls auf seiner eigenen Ebene, in den meisten Fällen aber auch auf dem Astralplan. Es ist aber vielleicht nicht so allgemein bekannt, dass, wenn ein Mensch sich stark an irgendeinen Platz hindenkt, die von diesem besonderen Gedanken angenommene Form dem Denker ähnlich ist und an dem betreffenden Ort so erscheint.

Diese Form muss im Wesentlichen aus Materie des Mentalplanes bestehen, aber in sehr vielen Fällen wird sie auch Astralstoff an sich ziehen, wodurch sie leichter sichtbar wird. Es gibt tatsächlich viele Beispiele, in denen sie von derjenigen Person gesehen wurde, an die der Gedanke gerichtet war – sehr wahrscheinlich mittels des unbewussten magnetischen Einflusses, der von dem Denker ausströmte. In dieser Gedankenform wird jedoch nichts von dem Bewusstsein des Denkers mit eingeschlossen sein. Einmal ausgesandt, ist sie gewöhnlich eine ganz getrennte Wesenheit – zwar nicht vollständig ohne Verbindung mit ihrem Urheber, aber doch insofern, als die Möglichkeit, irgendeinen Eindruck durch sie zu empfangen, in Frage kommt.

Diese dritte Art des Hellsehens besteht also in der Kraft, so weit eine Verbindung mit der neu gebildeten Gedankenform zu unterhalten und Gewalt über sie zu haben, dass man durch sie Eindrücke bekommen kann. Die auf die Form gemachten Eindrücke werden in diesem Fall dem Denker übermittelt – nicht durch eine astrale Telegrafenlinie wie vorher, sondern durch sympathische Schwingungen. In einem vollkommenen Beispiel dieser Art des Hellsehens ist es beinahe so, als ob der Seher einen Teil seines Bewusstseins in die Gedankenform verlegte und sie als eine Art Vorposten benützte, von dem aus eine Beobachtung möglich ist. Er sieht fast so gut, als wenn er selbst an dem Ort seiner Gedankenform stände.

Die Figuren, die er betrachtet, erscheinen ihm in Lebensgröße und ganz in der Nähe, anstatt klein und aus der Entfernung, wie in dem vorhergehenden Fall; und es ist ihm möglich, seinen Blickwinkel zu ändern, wenn er will. Hellhören kommt vielleicht seltener bei dieser Art von Hellsehen vor als bei der letzten, doch an dessen Stelle tritt bis zu einem gewissen Grade eine Art mentaler Wahrnehmung der Gedanken und Absichten derer, die man sieht.

Da das Bewusstsein des Sehers noch in seinem physischen Körper verankert ist, bleibt er imstande (auch während er die Fähigkeit ausübt) zu hören und zu sprechen, so weit er das tun kann, ohne seine Aufmerksamkeit abzulenken. In dem Augenblick, in dem seine Aufmerksamkeit versagt, ist die ganze Vision verschwunden, und er muss eine neue Gedankenform schaffen, bevor er sie wieder aufnehmen kann. Beispiele, in denen diese Art des Sehens von ungeschulten Personen einigermaßen vollkommen beherrscht wird, sind natürlich seltener als bei der vorhergehenden Art, weil hier die Fähigkeit der Gedankenbeherrschung erforderlich ist und im Allgemeinen feinere Kräfte angewandt werden.

Hellsehen durch Wanderungen im Astralkörper

Wir kommen hier zu einer ganz neuen Art des Hellsehens, bei der das Bewusstsein des Sehers weder in seinem physischen Körper noch mit ihm verbunden bleibt, sondern vollständig auf *die* Szene versetzt ist, die er betrachtet. Obgleich für den ungeschulten Seher zweifellos größere Gefahren damit verbunden sind als bei irgendeiner der früher beschriebenen Methoden, so ist es doch die am meisten befriedigende Form des Hellsehens für ihn, denn die unendlich höhere Art, die im fünften Punkt behandelt werden wird, ist nur ganz besonders geschulten Forschern zugänglich.

Bei dieser Art des Hellsehens befindet sich der Körper des Menschen entweder im Schlaf oder im Trance-Zustand, und die Organe desselben sind daher, solange die Beobachtung andauert, nicht zu benutzen, so dass die Beschreibung des Gesehenen und alle Fragen über Einzelheiten verschoben werden müssen, bis der Wanderer auf den physischen Plan zurückkehrt. Andererseits ist aber das Schauen viel vollkommener und umfassender. Der Mensch hört und sieht alles, was vor sich geht, und kann sich nach Belieben innerhalb der sehr weiten Grenzen des Astralplanes bewegen. Er kann mit Muße alle anderen Bewohner dieses Planes sehen und studieren, so dass die große Welt der Naturgeister (von der das sagenhafte Feenreich nur ein sehr kleiner Teil ist) und sogar die mancher niederer Devas offen vor ihm liegt.

Er hat auch den großen Vorteil, dass er imstande ist, sich an den vor seinen Augen abspielenden Szenen sozusagen zu beteiligen und nach Belieben mit diesen verschiedenen astralen Wesenheiten zu sprechen, von denen man so interessante und merkwürdige Auskünfte erlangen kann. Wenn er außerdem lernt, sich zu materialisieren (was nicht schwer ist, wenn er einmal den Kunstgriff kennt), dann wird er imstande sein, an physischen Ereignissen oder Gesprächen aus der Ferne teilzunehmen und sich nach Belieben einem abwesenden Freund zu zeigen.

Außerdem hat er die Möglichkeit, dem, was er wünscht, nachzuspüren. Bei den vorher beschriebenen Arten des Hellsehens konnte er für alle praktischen Zwecke eine Person oder einen Ort nur dann finden, wenn er sie bereits kannte oder durch das Berühren eines mit ihnen in Beziehung stehenden Gegenstandes damit in Verbindung gesetzt wurde, wie etwa bei der Psychometrie. Zwar ist bei der dritten Methode ein gewisses Umherbewegen möglich, doch ist der Prozess langwierig, außer bei ganz kurzen Entfernungen.

Mittels des Astralkörpers kann ein Mensch sich jedoch nach jeder beliebigen Richtung hin ganz frei und schnell bewegen und mühelos irgendeinen auf einer Landkarte bezeichneten Ort finden, ohne dass er diesen oder irgendeinen damit in Beziehung stehenden Gegenstand vorher gekannt hat. Auch ist er imstande, sich ebenso leicht hoch in die Luft zu erheben und das betreffende Land aus der Vogelperspektive zu beobachten, um dessen Ausdehnung, den Umriss seiner Küstenlinie oder seinen allgemeinen Charakter zu studieren. Tatsächlich ist also seine Macht und Freiheit in jeder Hinsicht weit größer, wenn er diese Methode benutzt, als in einem der vorhergehenden Fälle.

Ein gutes Beispiel des vollen Besitzes dieser Kraft stützt sich auf eine Darstellung des deutschen Schriftstellers *Jung-Stilling*. In dieser Geschichte wird von einem Hellseher erzählt, der in der Nähe von Philadelphia in Amerika gewohnt haben soll. »Er lebte sehr zurückgezogen und sprach wenig. Er war ernst, wohlwollend und fromm, und es war nichts gegen ihn einzuwenden, außer dass es von ihm hieß, er besitze einige Geheimnisse, die nicht ganz dem Gesetz entsprachen. Mancherlei außergewöhnliche Geschichten wurden von ihm erzählt, unter anderen auch die Folgende:

Die Frau eines Schiffskapitäns (der sich auf einer Reise nach Europa und Afrika befand und von dem sie lange ohne Nachricht gewesen war), wurde, da sie in großer Sorge um sein Leben war, bewogen, sich an diesen Menschen zu wenden. Nachdem er ihre Geschichte angehört hatte, bat er sie, ihn für kurze Zeit zu entschuldigen, dann wollte er ihr die verlangte Nachricht bringen. Er ging darauf in ein anderes Zimmer, und sie setzte sich, um auf ihn zu warten. Da er aber länger fortblieb, als sie erwartete, wurde sie ungeduldig und glaubte, dass er sie vergessen habe. Sie näherte sich daher leise der Tür, blickte durch eine Öffnung, und zu ihrer großen Verwunderung sah sie ihn auf dem Sofa liegen, so bewegungslos, als ob er tot sei. Sie fand es natürlich nicht geraten, ihn zu stören, sondern erwartete seine Rückkehr, die bald erfolgte. Er sagte ihr, dass ihr Mann aus den und den Gründen nicht imstande gewesen sei, ihr zu schreiben, dass er aber gerade jetzt in einem Café in London säße und bald wieder zu Hause sein würde.

Als dieser später ankam und seine Frau von ihm erfuhr, dass die Gründe seines ungewöhnlichen Stillschweigens genau die von dem Mann erzählten waren, hatte sie den intensiven Wunsch, sich auch über die Wahrheit des anderen Teiles der Nachricht zu versichern. Das geschah auch, denn kaum hatte ihr Mann den Magier erblickt, als er sagte, dass er ihn bereits an einem gewissen Tage vorher in einem Café in London gesehen und dieser ihm die Besorgnis seiner Frau mitgeteilt habe; ferner, dass er, der Kapitän, daraufhin erwähnt habe, warum er am Schreiben verhindert gewesen sei und dass er sich am nächsten Tage nach Amerika einschiffen wolle. Dann habe er den Fremden bei dem Gedränge aus den Augen verloren und wüsste weiter nichts von ihm.«

Wir können allerdings nicht wissen, welchen Beweis *Jung-Stilling* für die Wahrheit dieser Geschichte besaß, obgleich er selbst an die Autorität des Erzählers glaubte. Es sind aber so viele ähnliche Vorkommnisse bekannt, dass kein Grund vorliegt, deren Richtigkeit zu bezweifeln. Der Seher muss jedoch seine Fähigkeit selbst entwickelt oder sie in einer anderen Schule gelernt haben, als die, aus welcher der größte Teil der theosophischen Belehrung erlangt wird, denn hier herrscht eine wohlverstandene Regel, die es den Schülern ausdrücklich verbietet, irgendeine derartige Kundgebung ihrer Fähigkeiten zu geben, die auf solche Weise von zwei Seiten überprüft werden und dadurch das darstellen kann, was man ein »Phänomen« nennt. Wie weise diese Vorschrift ist, ist allen denen klar, die etwas von der Theosophie wissen im Hinblick auf die unheilvollen Wirkungen, die aus einer leichten zeitweisen Lockerung des Astralkörpers entstehen können.

Solche mit Absicht ausgeführten astralen Besuche scheinen sehr oft vorzukommen, wenn die einzelnen Teile des menschlichen Wesens kurz vor dem Tod bei Leuten gelockert werden, die vorher nicht imstande waren, Derartiges auszuführen. Es gibt sogar mehr Beispiele von dieser Art als von jeder anderen. Ich will hier ein sehr treffendes anführen, das *Andrew Lang* in seinem Buch »Dreams and Ghosts« gibt – eines, von dem er selbst sagt »wenige Geschichten nur haben so viel Wahrscheinlichkeit für sich«.

»*Mary*, die Frau von *John Goffe* aus Rochester, schon längere Zeit kränklich, wurde in das Haus ihres Vaters nach West Malling gebracht, das etwa neun Meilen von ihrem eigenen entfernt lag.

Am Tag vor ihrem Tod wurde sie sehr ungeduldig und verlangte, ihre beiden Kinder zu sehen, die sie einer Kinderfrau zu Hause anvertraut hatte. Sie war zu krank, um transportiert werden zu können, und in der Nacht zwischen ein und zwei Uhr morgens fiel sie in einen Trance-Zustand. Eine Witwe namens Turner, die in jener Nacht bei ihr wachte, erzählt, dass ihre Augen offen und starr waren und ihre Kinnbacken eingefallen. Frau Turner legte ihr die Hand auf den Mund, konnte aber keinen Atem mehr fühlen. Sie glaubte, Frau Goffe habe einen Schlaganfall erlitten, und sie war im Zweifel, ob sie noch lebte.

Am nächsten Morgen aber erzählte die Sterbende ihrer Mutter, dass sie zu Hause bei ihren Kindern gewesen sei.

Die Dame in Rochester, eine Frau *Alexander*, bestätigte, dass sie am Morgen, kurz vor zwei Uhr, das Abbild der besagten *Mary Goffe* aus dem nächsten Zimmer (in dem das ältere Kind allein schlief) habe kommen sehen, dass sie die Tür offen gelassen und etwa eine Viertelstunde an ihrem Bett gestanden habe. Das jüngere Kind schlief dort neben ihr. Ihre Augen und ihr Mund bewegten sich, doch sie sagte nichts. Weiter erzählte die Kinderfrau, dass sie vollkommen wach war und es schon ganz hell gewesen sei, da es einer der längsten Tage des Jahres war. Sie setzte sich in ihrem Bett aufrecht hin und blickte die Erscheinung fest an. Dann hörte sie die Turmuhr zweimal schlagen, und eine Weile später sagte sie: ›Im Namen des Vaters, des Sohnes und des Heiligen Geistes, wer bist du?‹ Darauf entfernte sich die Erscheinung und ging fort. Sie habe dann ihre Kleider übergezogen, um ihr zu folgen. Doch könne sie nicht sagen, was aus ihr geworden sei.

Die Wärterin schien mehr erschrocken zu sein durch das Verschwinden der Erscheinung als durch deren Gegenwart, denn sie fürchtete sich, allein im Haus zu bleiben, und verbrachte die Zeit bis um 6 Uhr, indem sie vor dem Hause auf- und abging. Als die Nachbarn wach wurden, erzählte sie ihnen den Vorgang, aber diese meinten, sie habe nur geträumt. Sie verneinte das natürlich eifrig, doch glaubte man ihr nicht, bis die Nachricht von der anderen Seite der Geschichte aus West-Malling eintraf und die Leute zugeben mussten, dass doch etwas daran gewesen sein könne.«

Ein bemerkenswerter Umstand in der Geschichte ist, dass die Mutter aus dem gewöhnlichen Schlaf in den tiefen Trance-Zustand übergehen musste, bevor sie ihre Kinder mit Bewusstsein besuchen konnte. Ähnliche Berichte über dieses Thema gibt es jedoch in großer Zahl in der Literatur.

Zwei andere Geschichten von genau derselben Art – in denen eine sterbende Mutter, die dringend ihre Kinder zu sehen verlangt, in einen tiefen Schlaf fällt, sie besucht und bei der Rückkehr erzählt, dass sie es getan habe – werden von Dr. *F. G. Lee* berichtet. In einer der Geschichten erscheint die Mutter, die sterbend in einem Ort Ägyptens lag, ihren Kindern in Torquay und wird bei hellem Tageslicht von allen fünf Kindern und von dem Kindermädchen gesehen (»Glimpses of the Supernatural«). In der anderen wird die sterbende Frau eines Quäkers in Cockermouth deutlich von ihren drei Kindern in Seattle gesehen und erkannt, während der Rest der Geschichte ganz mit der oben angeführten identisch ist (»Glimpses in the Twilight«).

Derjenige, der diese vierte Art des Hellsehens vollkommen beherrscht, verfügt über viele und große Vorteile neben den bereits erwähnten. Er kann nicht nur ohne Mühe und Kosten die schönsten und berühmtesten Orte der Erde besuchen, sondern er hat auch Zugang zu allen Bibliotheken der Welt, und man stelle sich vor, was das für einen Gelehrten bedeutet! Was muss es für den wissenschaftlich gesinnten Menschen für eine Möglichkeit sein, vor seinen Augen so viele Vorgänge der geheimen Chemie der Natur sich abspielen zu sehen, oder für den Philosophen, wenn ihm die großen Mysterien des Lebens und des Todes so viel klarer als je zuvor geoffenbart werden? Für ihn sind diejenigen, die diesen Plan verlassen haben, nicht mehr tot, sondern lebend und noch für eine lange Zeit zu erreichen. Für ihn sind viele religiöse Begriffe nicht mehr eine Sache des Glaubens, sondern des Wissens. Vor allem kann er sich der Schar der unsichtbaren Helfer anschließen und im großen Maße nützlich wirken. Zweifellos ist das Hellsehen, selbst wenn es nur auf den Astralplan beschränkt ist, ein großes Geschenk für den Schüler.

Gewiss hat es auch seine Gefahren, besonders für die nicht Geschulten: Gefahren von bösen Wesenheiten verschiedener Arten, welche die erschrecken und verletzen, die nicht den Mut haben, ihnen kühn gegenüberzutreten. Gefahren, in der verschiedenartigsten Weise getäuscht zu werden oder das Geschaute falsch zu verstehen und zu deuten; und die größte von allen Gefahren, eingebildet zu werden und es für unmöglich zu halten, sich zu irren. Aber etwas gesunder Menschenverstand und Erfahrung werden einen Menschen leicht davor bewahren.

Hellsehen durch Umherwandern im Mayavirupa.[2]

Das ist eine höhere und gleichsam eine herrlichere Form der letztgenannten Art. Der hierbei benutzte Körper ist nicht mehr der Astralkörper, sondern ein Ersatzwerkzeug, das für diese besondere Gelegenheit aus der Materie des Verstandeskörpers des Sehers geschaffen wird – ein Körper also, der zum Mentalplan gehört und in sich alle Möglichkeiten des wunderbaren Wahrnehmungsvermögens dieses Planes trägt, das so erhaben in seiner Wirkung und doch so schwer zu beschreiben ist.

Ein Mensch, der in diesem Körper tätig ist, lässt seinen Astralkörper mit seinem physischen Körper zurück, und wenn er sich aus irgendeinem Grund auf dem Astralplan zeigen will, so benutzt er dazu nicht seinen eigenen Astralkörper, sondern materialisiert sich einen solchen zu seinem zeitweiligen Bedarf durch eine gezielte Anstrengung seines Willens.

Die großartigen Vorteile, die der Besitz dieser Fähigkeit verleiht, sind die Möglichkeit, in das herrliche Land der Seligkeit Eingang zu haben sowie auf dem Astralplan der Zugang zu einem umfassenderen mentalen Wahrnehmungsvermögens, das neue Tiefen der Erkenntnis eröffnet und allen Irrtum so gut wie unmöglich macht. Dieser höhere Flug ist jedoch nur dem geschulten Seher möglich, denn um den Mayavirupa zum ersten Mal zu bilden, bedarf es der Hilfe eines qualifizierten Meisters.

Bevor wir das Thema des vollständigen und absichtlichen Hellsehens beschließen, wird es gut sein, einige Worte der Beantwortung einer oder zweier Fragen über seine Grenzen zu widmen, die den Forschern häufig gestellt werden. Ist es dem Seher möglich, werden wir oft gefragt, jede Person, mit der er in Verbindung treten will, ausfindig zu machen, die sich irgendwo entweder lebend oder tot in der Welt befindet?

Diese Frage muss man mit einer Bedingung bejahen. Ja, es ist

---

2 Mayavirupa: Sanskrit für einen Projektionskörper in der Mentalwelt. (Anm. d. Hrsg.)

möglich, jede Person zu finden, wenn der Seher sich in der einen oder der anderen Weise mit ihr in Kontakt setzen kann. Es würde hoffnungslos sein, unbestimmt in den Raum zu tauchen, um einen gänzlich Fremden unter all den Millionen, die um uns sind, ganz ohne Anhaltspunkte herauszufinden. Doch genügt andererseits gewöhnlich ein sehr kleiner Anhaltspunkt.

Weiß der Hellseher irgendetwas von dem Menschen, den er sucht, dann wird es ihm nicht schwerfallen, ihn zu finden, denn jeder Mensch hat sozusagen seinen eigenen musikalischen Akkord, einen Akkord, welcher der Ausdruck seines Wesens als Ganzes ist und vielleicht durch eine Art Durchschnittsrhythmus der Schwingungen aller seiner verschiedenen Körper auf ihren entsprechenden Plänen hervorgebracht wird. Wenn der Hellseher diesen Akkord zu unterscheiden und anzuschlagen versteht, dann zieht er durch sympathische Schwingungen sogleich die Aufmerksamkeit des Menschen, wo dieser auch sein mag, auf sich und ruft eine augenblickliche Antwort von ihm hervor.

Ob der betreffende Mensch lebend oder kürzlich gestorben ist, würde keinen Unterschied ausmachen, und ein Hellseher der fünften Art könnte ihn sogleich selbst unter den unzähligen Millionen in der Himmelswelt finden, obgleich der Betreffende in diesem Fall selbst nicht wissen würde, dass er beobachtet wird. Natürlich würde ein Seher, dessen Bewusstsein nicht höher als bis zum Astralplan reicht – der daher eine der früheren Methoden des Hellsehens anwendet – überhaupt nicht imstande sein, jemand in der Himmelswelt (Devachan) zu finden. Doch selbst dieser würde wenigstens sagen können, dass der Gesuchte auf dem Mentalplan *ist*, aus der bloßen Tatsache, weil das Anschlagen des Akkordes in der Astralwelt keine Antwort hervorrief.

Wenn der gesuchte Mensch für den Hellseher ein Fremder ist, dann wird dieser irgendetwas verwenden müssen, das in Beziehung zu ihm steht, um als Anknüpfungspunkt zu dienen – eine Fotografie, ein von ihm geschriebener Brief, ein Gegenstand, der ihm gehört hat und mit seinem persönlichen Magnetismus gesättigt ist. Irgendetwas Derartiges würde in den Händen eines geübten Sehers genügen.

Man vermute aber nicht, dass es Schülern, denen diese Kunst gelehrt worden ist, frei steht, eine Art Auskunftsbüro zu errichten, durch das man mit verlorenen oder toten Verwandten verkehren kann. Eine Botschaft, die man von dieser Seite einem solchen zuschickt, kann – je nach den Umständen – übermittelt werden oder nicht. Aber selbst wenn das der Fall wäre, würde keine Antwort überbracht werden, sonst würde die Sache zum Phänomen – etwas, wovon auf dem physischen Plan gilt, dass es ein Akt der Magie ist.

Eine andere oft gestellte Frage lautet, ob es bei der Ausübung des psychischen Hellsehens eine Grenze in der Entfernung gibt. Die Antwort darauf scheint zu sein, dass es außer den entsprechenden Plänen keine Grenze gibt. Es sei daran erinnert, dass der Astral- und Mentalplan unserer Erde ebenso nur zu ihr gehören wie ihre Atmosphäre, obgleich sie sich auch in unserem dreidimensionalen Raum viel weiter von ihr erstrecken als die physische Luft. Folglich würde der Übergang zu anderen Planeten oder das genaue Betrachten derselben für irgendein System des Hellsehens, das mit diesen Ebenen in Beziehung steht, unmöglich sein. Es ist ganz leicht und möglich für den Menschen, der sein Bewusstsein bis auf den buddhischen Plan erheben kann, auf irgendeinen anderen Stern, der zu unserer Weltenkette gehört, überzugehen, aber das liegt außerhalb unseres gegenwärtigen Themas.

Es kann jedoch mancherlei neue Information über andere Planeten durch den Gebrauch solcher hellseherischer Fähigkeiten, wie wir sie beschrieben haben, in Erfahrung gebracht werden. Es ist möglich, die Sicht viel klarer zu gestalten, indem man sich über die beständigen Unruhen der irdischen Atmosphäre erhebt, und es ist auch nicht schwer zu lernen, eine außerordentlich hohe, vergrößernde Kraft auszuüben, so dass man selbst durch gewöhnliches Hellsehen sehr interessante astronomische Kenntnisse erlangen kann. Aber so weit diese Erde und ihre unmittelbare Umgebung in Betracht kommen, existiert tatsächlich keine Grenze.

V. HALB-BEWUSSTES HELLSEHEN IM RAUM

Unter diesem etwas sonderbaren Titel bringe ich die Fälle aller derjenigen Leute zusammen, die es entschieden darauf anlegen, etwas zu sehen, aber keine Vorstellung haben, was es sein wird, und ihre Sehkraft nicht beherrschen, wenn die Visionen begonnen haben. Sie versetzen sich in einen empfänglichen Zustand und warten dann einfach, dass etwas geschieht. Viele Trance-Medien fallen unter diese Rubrik. Sie hypnotisieren sich entweder selbst oder werden durch irgendeinen »Kontrollgeist« hypnotisiert und beschreiben dann die Szenen oder Personen, die zufällig vor ihnen vorbeischweben. Bisweilen sehen sie jedoch in diesem Zustand etwas, was in der Entfernung geschieht, und daher haben sie eine Stelle unter »Hellsehen im Raum«.

Doch die größte und weitverbreitetste Schar dieser halb-bewussten Hellseher sind die verschiedenen Arten der Kristallblicker, diejenigen, die, wie Andrew Lang es ausdrückt, »eine Kristallkugel, eine Schale, einen Spiegel, einen Tintenfleck (Ägypten und Indien), einen Blutstropfen (bei den Maoris von Neuseeland), eine Schüssel mit Wasser (Indianer), einen Teich (Römer und Afrikaner), Wasser in einer Glasschale (in Fez) oder irgendeine polierte Oberfläche anstarren.« (*Dreams and Ghosts*)

Andrew Lang gibt ein sehr gutes Beispiel einer auf diese Weise häufig gesehenen Erscheinung: »Ich hatte einer jungen Dame,

Frl. Baillie, eine Glaskugel gegeben«, sagte er, »doch hatte sie sehr wenig Erfolg damit. Sie lieh diese Frl. Leslie, die ein großes, viereckiges, altmodisches, rotes, mit Musselin bedecktes Sofa sah, das sie im nächsten Landhaus, welches sie besuchte, fand. Frl. Baillies Bruder, ein junger Athlet, lachte über diese Experimente, nahm die Kugel mit in sein Studierzimmer und kam ganz bleich aussehend zurück. Er gab zu, dass er eine Vision gesehen hatte – jemand, den er kannte, unter einer Lampe sitzend. Er würde es innerhalb einer Woche ausfindig machen, ob er recht gesehen habe oder nicht. Das war um 5.30 Uhr am Sonntagnachmittag.«

»Am Dienstag war Herr Baillie auf einem Tanzvergnügen in einer etwa vierzig Meilen von seinem Haus entfernten Stadt, wo er ein Frl. Preston traf. Er sagte zu ihr: »Am Sonntag, ungefähr um halb sechs Uhr, saßen Sie unter einer Lampe in einem Kleid, das ich noch nie bei Ihnen gesehen habe, einer blauen Bluse mit Spitzen über den Schultern, und gossen einem Herrn in einem blauen Anzug Tee ein. Sein Rücken war mir zugekehrt, so dass ich nur die Spitze seines Schnurrbarts sehen konnte.«

»Nun, die Jalousien werden aufgezogen gewesen sein«, sagte Frl. Preston.

»Ich war in Dulby«, antwortete Herr Baillie – und das war er tatsächlich.«

Das ist ein ganz typischer Fall von Kristallblicken – das Bild ist in allen Einzelheiten korrekt, wie man sieht, und doch absolut unwichtig und ohne besondere Bedeutung irgendeiner Art für den einen oder den anderen Teil, außer dass es Herrn Baillie bewies, dass das Kristallblicken etwas auf sich hat. Die Erscheinungen zeigen häufiger einen romantischen Charaktermenschen in ausländischer Kleidung oder schöne unbekannte Landschaften.

Was ist die Erklärung für diese Art des Hellsehens? Wie ich bereits oben erwähnt habe, gehört sie gewöhnlich zu der Art des Astralstromes, und der Kristall oder ein anderer Gegenstand wirken nur als Brennpunkt für die Willenskraft des Sehers und als passender Ausgangspunkt für sein *Astralfernrohr*. Es gibt einige, die durch ihren Willen Einfluss auf das haben können, was sie sehen. Sie können also ihr Teleskop auf das, was sie wünschen, einstellen. Doch die große Mehrheit bildet nur eine zufällige Röhre und sieht, was gerade am anderen Ende derselben vorgeht.

Bisweilen ist die Szene verhältnismäßig nahe, wie in dem eben angeführten Fall, ein anderes Mal ist es eine entfernte orientalische Landschaft. Auch kann es bisweilen eine Widerspiegelung eines Teiles der Akasha-Chronik sein, und dann enthält das Bild Figuren in altertümlichen Gewändern. Dieses Phänomen würde dann zu unserer dritten großen Abteilung des »Hellsehens in der Zeit« gehören. Man sagt, dass auch bisweilen zukünftige Szenen in Kristallen gesehen werden – aber das ist eine weitere Entwicklung, auf die wir später zurückkommen müssen.

Ich habe einen Hellseher gekannt, der, statt der gewöhnlichen glänzenden Oberfläche, eine stumpfe schwarze benutzte, nämlich eine Handvoll pulverisierter Kohle in einer Untertasse. Es scheint wirklich von keiner Bedeutung zu sein, was als Konzentrationspunkt benutzt wird, außer dass reiner Kristall einen zweifellosen Vorteil über andere Substanzen hat, da die besondere Anordnung seiner Elementalessenz ihn in hervorragendem Maße geeignet macht, physische Fähigkeiten anzuregen.

Wahrscheinlich ist es jedoch, dass in Fällen, wo ein kleiner glänzender Gegenstand zur Anwendung kommt – wie z. B. ein Lichtpunkt oder ein Blutstropfen, den die Maoris benutzen – diese nur Beispiele einer Selbsthypnose sind. Bei außereuropäischen Völkern finden häufig vor oder während des Experimentes magische Zeremonien und Anrufungen statt, und es ist daher möglich, dass dadurch entstandenes Hellsehen tatsächlich das einer fremden Wesenheit ist, wodurch das Phänomen nur das Beispiel von zeitweiliger Besessenheit und gar nicht ein solches von Hellsehen ist.

VI. UNBEWUSSTES HELLSEHEN IM RAUM

Unter diese Rubrik können wir alle diejenigen Fälle einordnen, in denen Visionen irgendeines Ereignisses, das in der Entfernung stattfindet, ganz unerwartet und ohne Vorbereitung geschaut werden. Es gibt Menschen, die zu derartigen Visionen neigen, während sie bei anderen nur einmal im Leben vorkommen. Die Visionen sind sehr mannigfaltig und mehr oder weniger vollkommen und rühren offenbar von den verschiedensten Ursachen her. Manchmal ist der Grund der Vision ganz klar und die Angelegenheit von höchster Wichtigkeit, während man bei anderen Fällen keinerlei Ursache entdecken kann und die gesehenen Ereignisse nur trivialer Natur sind.

Bisweilen treten diese Lichtblicke übernatürlicher Fähigkeiten als Visionen im Wachzustand auf, und bisweilen während des Schlafes als lebhafte und oft wiederholte Träume. In letzterem Fall wird die Art des Schauens gewöhnlich zur vierten Unterabteilung des Hellsehens im Raum gehören, denn im Schlaf besucht der Mensch häufig in seinem Astralkörper Orte, mit denen er durch seine Neigungen oder Interessen eng verbunden ist. Er beobachtet dann einfach, was dort vorgeht. Beim ersten Fall dagegen ist es wahrscheinlich, dass die zweite Art des Hellsehens mittels der astralen Strömung in Erscheinung tritt. Doch werden dann der Strom oder die Röhre ganz unbewusst gebildet und sind oft die automatische Wirkung eines starken Gedankens oder einer Empfindung, die vom einen oder anderen Ende der Röhre projiziert wird – entweder von dem Seher oder von der gesehenen Person.

Es wird am einfachsten sein, einige Beispiele der verschiedenen Arten anzuführen und dazwischen weitere Erklärungen einzustreuen, wenn es nötig ist. W. T. Stead hat eine große und mannigfaltige Auswahl kürzlich gesehener und gut beglaubigter Fälle in seinem Buch »Real Ghost Stories« gesammelt, und ich werde einige meiner Beispiele daraus entnehmen und sie, um Raum zu sparen, etwas abkürzen.

Es gibt Fälle, bei denen es jedem theosophischen Forscher sofort klar wird, dass das vereinzelte Hellsehen von jemandem aus der Schar der sogenannten »Unsichtbaren Helfer« besonders veranlasst wurde, damit jemandem, der sich in großer Not befand, Hilfe zuteil werden konnte. Zu dieser Klasse gehört unzweifelhaft die Geschichte, die Kapitän Yount aus dem Napa Valley in Kalifornien Dr. Bushnell erzählt, der sie in seinem Buch »Nature and the Supernatural« wiedergibt:

»Vor sechs oder sieben Jahren hatte er in einer Nacht mitten im Winter einen Traum, in dem er eine Gesellschaft von Auswanderern sah, die durch den Schnee der Berge aufgehalten wurde und im Begriff war, vor Hunger und Kälte umzukommen. Er gewann ein deutliches Bild der Landschaft, in der ihm eine sehr hohe senkrechte Felswand auffiel. Er sah die Männer die Wipfel von Bäumen abschneiden, die aus tiefen Lagen von Schnee hervorragten. Er konnte sogar die Gesichtszüge der Personen unterscheiden, auf denen sich ihre große Verzweiflung ausprägte.

Er erwachte und war von der Deutlichkeit und der offensichtlichen Wirklichkeit des Traumes tief ergriffen. Endlich schlief er wieder ein und träumte genau denselben Traum noch einmal. Am Morgen konnte er ihn nicht vergessen. Als er kurz darauf einen alten Jagdkameraden traf, erzählte er ihm seine Geschichte und war um so mehr erstaunt und ergriffen, als dieser ohne

Zögern sich einer solchen Landschaft erinnerte. Er war über die Sierras durch den Carson Valley Pass gekommen und erklärte, dass eine Stelle auf dem Pass genau seiner Beschreibung entsprach.«

Das genügte dem Kapitän. Er sammelte sofort eine Anzahl Leute und rüstete sie mit Mauleseln, wollenen Decken und allen nötigen Vorräten aus. Die Nachbarn lachten über seine Leichtgläubigkeit.

»Das macht nichts«, sagte er, »ich bin in der Lage, das zu tun, und ich will es, denn ich glaube bestimmt, dass es sich so verhält, wie ich geträumt habe.«

Die Leute wurden in die Berge geschickt, die hundertfünfzig Meilen entfernt waren, und zwar direkt zum Carson Valley Pass. Dort fanden sie die Gesellschaft genau in der im Traum geschilderten Verfassung, und sie brachten jene, die noch am Leben waren, zurück.

Da nicht behauptet wird, dass Kapitän Yount öfters Visionen hatte, so ist es klar, dass ein Helfer, der den traurigen Zustand der Auswanderer beobachtete, die nächste empfängliche und auch sonst geeignete Persönlichkeit (die zufällig der Kapitän war) im Astralkörper an den Ort führte und versuchte, die Szene fest seinem Gedächtnis einzuprägen. Der Helfer kann auch vielleicht einen »astralen Strom« für den Kapitän gebildet haben; doch ist die erste Annahme wahrscheinlicher. Jedenfalls liegen hier das Motiv und im Großen und Ganzen auch die Methode der Arbeit klar zu Tage.

Bisweilen mag der »Astralstrom« durch einen starken, gefühlvollen Gedanken am anderen Ende der Linie gebildet worden sein, und das kann auch geschehen, selbst wenn der Denker es nicht beabsichtigt. In der recht treffenden Geschichte, die ich im Folgenden berichte, ist die Verbindung offensichtlich dadurch entstanden, dass der Arzt so häufig an Frau Broughton dachte, doch hatte er augenscheinlich nicht den besonderen Wunsch, dass sie sehen sollte, was er zu der Zeit tat. Aus der festen Lage des Betrachtungspunktes, der nicht der vom Arzt sympathisch übertragene war (wie es hätte sein können), geht hervor, dass es diese Art des Hellsehens war, die dabei angewandt wurde, denn sie sieht nur einen Rücken, ohne ihn zu erkennen. Die Geschichte ist in den Abhandlungen der »Society for Psychical Research« zu finden.

Frau Broughton erwachte in einer Nacht des Jahres 1844 und weckte ihren Mann, um ihm zu sagen, dass sich etwas Schreckliches in Frankreich ereignet habe. Er bat sie, wieder einzuschlafen und ihn nicht zu stören. Sie versicherte ihm, dass sie nicht geschlafen habe, als sie das sah, was sie ihm erzählen wollte – und was sie tatsächlich gesehen hatte.

»Zuerst einen Wagenunfall – den sie nicht sah, sondern nur die Folgen desselben – einen zerbrochenen Wagen, eine herumstehende Volksmenge, eine Gestalt, die sanft aufgehoben und in das nächste Haus gebracht wurde, ferner eine Gestalt auf dem Bett liegend, die sie dann als den Herzog von Orleans erkannte. Allmählich versammelten sich Freunde um das Bett – unter ihnen verschiedene Mitglieder der Königlichen Familie Frankreichs – die Königin, dann der König, die alle stillschweigend und mit Tränen in den Augen auf den anscheinend sterbenden Herzog blickten. Einer der Anwesenden (sie konnte seinen Rücken sehen, doch wusste sie nicht, wer es war) war ein Arzt. Er stand über den Herzog gebeugt und fühlte seinen Puls, die Uhr in der anderen Hand haltend. Dann verschwand alles, und sie sah nichts mehr.

Sobald es Tag war, notierte sie in ihrem Tagebuch alles, was sie gesehen hatte. Das geschah vor Erfindung des Telegrafen, und es vergingen zwei Tage oder mehr, bevor die ›Times‹ den ›Tod des Herzogs von Orleans meldete‹. Als Frau B. bald darauf Paris besuchte, sah und erkannte sie den Platz des Unfalls und erhielt Aufklärung über ihren Eindruck. Der Arzt, der am

Bett des sterbenden Herzogs gestanden hatte, war einer ihrer alten Freunde, und während dieses Ereignisses war sein Gemüt beständig mit ihr und ihrer Familie beschäftigt gewesen.«

Ein häufig vorkommender Fall ist der, wenn durch eine starke Zuneigung der nötige astrale Strom gebildet wird. Wahrscheinlich fließt dann eine ziemlich beständige Strömung gegenseitiger Gedanken fortwährend zwischen den beiden Personen, und irgendeine plötzliche Not oder ein furchtbares Unglück auf einer der beiden Seiten versehen diesen Strom zeitweise mit der polarisierenden Kraft, die nötig ist, um das astrale Teleskop zu schaffen. Ein anschauliches Beispiel hierfür wird in dem folgenden Bericht aus den gleichen »Abhandlungen« angeführt.

»Am 9. September 1848, bei der Belagerung von Multan, wurde Generalmajor R. …, C. B., der damals Regimentsadjutant war, sehr schwer und gefährlich verwundet, und da er glaubte, dass er sterben würde, bat er einen seiner Offiziere, der bei ihm war, seinen Ring abzuziehen und ihn seiner Frau zu schicken, die sich zu der Zeit mehr als hundertundfünfzig Meilen entfernt in Ferozepore befand.

»In der Nacht des 9. September 1848«, schreibt seine Frau, »lag ich, halb schlafend, halb wachend auf meinem Bett, als ich deutlich sah, wie mein Mann gefährlich verwundet vom Schlachtfeld getragen wurde, und ich hörte ihn sagen: »Nehmen Sie diesen Ring von meinem Finger und schicken Sie ihn meiner Frau.« Den ganzen folgenden Tag konnte ich den Anblick und die Stimme nicht vergessen.«

Bald darauf hörte ich, dass General R. … bei dem Angriff auf Multan schwer verwundet worden sei. Er blieb jedoch am Leben und lebt noch. Erst einige Zeit nach der Belagerung hörte ich von General L. …, dem Offizier, der meinen Mann vom Schlachtfeld tragen half, dass dieser die Bitte wegen des Ringes tatsächlich gestellt hatte, genau so, wie ich das zur selben Zeit in Ferozepore gehört hatte.«

Dann gibt es die sehr große Klasse gelegentlicher hellseherischer Visionen, die keine nachweisbare Ursache haben – die scheinbar ganz bedeutungslos sind und in keiner erkennbaren Beziehung zu irgendwelchen Ereignissen stehen, die dem Seher bekannt sind. Dazu gehören viele Visionen von Landschaften, die manche Leute kurz vor dem Einschlafen sehen. Ich führe ein Kapitel und einen sehr realistischen Bericht einer Erfahrung dieser Art aus W. T. Stead's *Real Ghost Stories* hier an.

»Ich ging zu Bett, doch konnte ich nicht einschlafen. Ich schloss meine Augen und wartete auf den Schlaf. Statt des Schlafes erschien mir eine Reihenfolge von seltsam lebhaften hellseherischen Bildern. Es war kein Licht im Zimmer und ganz dunkel; auch hatte ich die Augen geschlossen. Aber trotz der Dunkelheit war ich mir plötzlich bewusst, eine Szene von einzigartiger Schönheit zu sehen. Es war, als wenn ich ein lebendiges Miniaturbild ungefähr von der Größe eines Schiebers an einer *Laterna magica* wahrnahm. Ich erinnere mich an die Szene im gegenwärtigen Augenblick so gut, als ob ich sie neuerlich vor mir sähe. Es war eine Küstenlandschaft. Der Mond schien auf das Wasser, dessen Wellen kräuselnd an das Ufer kamen. Gerade vor mir führte ein langer Hafendamm in das Wasser.

Auf jeder Seite der Mole erhoben sich unregelmäßige Klippen über die Meeresoberfläche. Am Ufer standen mehrere viereckige und roh gebaute Häuser, die keinerlei Gebäuden, die ich bis jetzt gesehen hatte, ähnelten. Nichts regte sich, aber der Mond war da und das Meer, und das Mondlicht auf den kräuselnden Wellen glänzte gerade so, als ob ich die Szene wirklich sehen würde.

Es war so schön, dass ich, wie ich mich erinnere, dachte, wenn die Szene so andauert, würde ich sie mit solchem Interesse betrachten, dass ich gar nicht einschlafen würde. Ich war ganz wach, und zu gleicher Zeit, als ich die Szene sah, hörte ich deutlich das Tröpfeln des Regens draußen am Fenster. Dann veränderte sich plötzlich das Bild ohne ersichtlichen Grund.

Das monderhellte Meer verschwand, und ich blickte nun in das Innere eines Lesezimmers. Es schien, als ob es am Tag als Schulzimmer verwendet worden sei und des Abends als Lesezimmer benutzt wurde. Ich erinnere mich, dass ich sah, wie einer der Leser, der eine merkwürdige Ähnlichkeit mit Tim Harrington hatte, obgleich er es nicht war, eine Zeitschrift oder ein Buch hochhob und lachte. Es war kein Bild – es war wirklich da.

Die Szene sah genau so aus, als ob man durch ein Opernglas schaute. Ich sah das Muskelspiel, den Glanz der Augen, jede Bewegung der unbekannten Personen an jenem fremden Ort. Ich sah das alles, ohne die Augen zu öffnen, und meine Augen hatten auch nichts damit zu tun. Man sieht solche Dinge sozusagen mit einem anderen Sinn, der mehr im Inneren des Kopfes als in den Augen liegt.

Die Bilder standen mit nichts in Beziehung. Sie waren durch nichts, was ich gelesen oder wovon ich gesprochen hatte, hervorgerufen worden. Sie waren einfach da, als wenn ich durch ein Glas auf etwas blickte, das irgendwo in der Welt geschah. Ich hatte diesen Anblick, und dann verschwanden sie. Ich habe auch nie wieder eine ähnliche Erfahrung gehabt.«

Herr Stead betrachtet das als eine »armselige Erfahrung«, und man kann es vielleicht im Vergleich mit größeren Möglichkeiten so ansehen. Doch ich kenne viele Forscher, die sehr dankbar sein würden, wenn sie auch nur eine derartige persönliche Erfahrung zu verzeichnen hätten. Obgleich sie an sich nur gering ist, gibt sie doch dem Seher sofort einen Anknüpfungspunkt an das Ganze. Hellsehen würde für jeden eine lebendige Wirklichkeit sein, der ein ähnliches Erlebnis gehabt hat, das ihn in direkte Berührung mit der unsichtbaren Welt brachte. Diese Bilder waren viel zu deutlich, als dass sie bloße Spiegelungen der Gedanken anderer hätten sein können, und außerdem zeigt uns die Beschreibung unverkennbar, dass es Ansichten waren, die durch ein astrales Teleskop gesehen wurden. Herr Stead muss also entweder ganz unbewusst selbst einen Strom hervorgerufen haben oder (was viel wahrscheinlicher ist) irgendeine freundliche astrale Wesenheit setzte diesen für ihn in Bewegung und gab ihm, um Langeweile zu vertreiben, jene Bilder anzusehen, die zufällig am anderen Ende der Röhre zur Hand waren.

VII. HELLSEHEN IN DER ZEIT: DIE VERGANGENHEIT

Hellsehen in der Zeit – das heißt, die Fähigkeit, Vergangenheit und Zukunft zu lesen – ist, wie alle anderen Arten des Hellsehens auch, eine Gabe, die verschiedene Menschen in ganz verschiedenem Grade besitzen, von dem Menschen, der beide Fähigkeiten vollständig beherrscht, bis zu dem, der nur gelegentlich unbeabsichtigte und unvollkommene Lichtblicke oder Spiegelungen dieser Szenen früherer Tage empfängt.

Ein Mensch der letzteren Art könnte zum Beispiel eine Vision von irgendeinem Ereignis der Vergangenheit haben; aber sie würde der größten Entstellung ausgesetzt sein. Selbst wenn sie ziemlich genau wäre, würde sie nur ein isoliertes Bild darstellen, und er würde wahrscheinlich nicht imstande sein, sie mit vorhergehenden oder nachfolgenden Geschehnissen in Verbindung zu bringen oder irgendetwas Ungewöhnliches zu erklären, das darin vorkommt.

Der geschulte Seher andererseits kann das mit seinem Bild zusammenhängende Geschehen rückwärts oder vorwärts, so weit es ihm wünschenswert ist, verfolgen und mit gleicher Leichtigkeit den Ursachen desselben auf den Grund gehen oder die daraus entstehenden Wirkungen erkennen.

Wir werden es wahrscheinlich leichter finden, diesen etwas schwierigen Teil unseres Themas zu begreifen, wenn wir es in den sich natürlich ergebenden Unterabteilungen verfolgen, und zwar zuerst das rückwärts in die Vergangenheit blickende Hellsehen behandeln und das Hellsehen in die Zukunft einer späteren Prüfung überlassen. In jedem der beiden Fälle wird es gut für uns sein, wenn wir versuchen, so viel wie möglich von dem Geschehen an sich zu verstehen, obgleich uns dies auch im besten Falle nur in begrenztem Maß gelingen wird. Zum einen, weil unsere Forscher bis jetzt über einige Teile dieses Gegenstandes nur sehr unvollkommene Kenntnisse haben, und zum anderen, weil es uns immer wieder an Worten fehlt, um auch nur den hundertsten Teil selbst von dem Wenigen auszudrücken, das wir tatsächlich über höhere Pläne und Fähigkeiten wissen.

Bei einer ins Einzelne gehenden Schau der entfernten Vergangenheit fragen wir uns also, wie wird sie erlangt und zu welcher Daseinsebene der Natur gehört sie? Die Antwort auf diese beiden Fragen ist die, dass sie aus der Akasha-Chronik abgelesen wird. Doch diese Behauptung wird ihrerseits wieder für viele Leser eine gewisse Erklärung verlangen.

Der Ausdruck ist nicht ganz korrekt, denn obgleich die Chronik zweifellos aus *Akasha*, dem Stoff des Mentalplanes, gelesen wird, so gehört sie doch nicht zu ihm. Noch unpassender ist der andere Name »Aufzeichnungen im Astrallicht«, der bisweilen auch gebraucht wurde, denn diese Aufzeichnungen liegen weit höher als die Astralwelt, und alles, was man auf dem Astralplan darüber wissen kann, sind nur bruchstückhafte Bilder einer Art doppelter Widerspiegelung darin, wie ich sogleich erklären werde.

Wie viele andere theosophische Ausdrücke ist das Wort *Akasha* in sehr freier Weise benützt worden. In einigen unserer früheren Bücher wurde es als gleichbedeutend mit *Astrallicht* gebraucht, und in anderen wurde es angewandt, um jede beliebige Art unsichtbarer Materie zu bezeichnen, von *Mulaprakriti*[3]

---

3 Mulaprakriti. Sanskrit, wörtl. „Wurzelnatur". Die ursprüngliche, erste Materie. (Anm. d. Hrsg.)

bis zum physischen Äther herab. In späteren Büchern ist der Gebrauch dieses Wortes auf die Materie des Mentalplanes beschränkt worden, und in diesem Sinne könnte man die Aufzeichnungen *akashisch* nennen, denn obgleich sie ursprünglich ebenso wenig auf diesem wie auf dem Astralplan gemacht wurden, so kommen wir doch dort zuerst in Berührung mit ihnen und finden es möglich, in verlässlicher Weise mit ihnen zu arbeiten.

Dieses Thema der Aufzeichnungen ist durchaus nicht leicht zu behandeln, denn es ist eines aus jener facettenreichen Kategorie, die zu ihrem vollen Verständnis weit höhere Fähigkeiten verlangt als irgendeine, die die Menschheit bis jetzt entwickelt hat. Die wahre Lösung ihrer Probleme liegt auf viel höheren Plänen, als die uns jetzt bekannten, und jedes Bild, das wir uns auch darüber machen mögen, wird doch notwendigerweise immer ein sehr unvollkommenes sein, da wir sie nur von unten, anstatt von oben betrachten können. Die Vorstellung, die wir uns darüber machen, kann daher nur unvollständig sein, doch braucht sie uns nicht in die Irre zu führen, man darf nur nicht denken, dass das winzige Teilchen, das wir sehen können, das vollkommene Ganze ist. Wenn wir sorgfältig darauf achten, dass die Begriffe, die wir uns bilden, so genau wie möglich sind, soweit sie reichen, dann brauchen wir nichts umzulernen, sondern nur etwas hinzuzufügen, wenn wir im Verlauf unserer weiteren Entwicklung allmählich eine höhere Weisheit erlangen. Es sei demnach gleich am Anfang daran erinnert, dass ein gründliches Verständnis unseres Themas auf unserer jetzigen Evolutionsstufe eine Unmöglichkeit ist. Daher werden mancherlei Fragen aufsteigen, die vorläufig noch nicht erklärt werden können, obgleich es oft möglich sein wird, Analogien aufzuzeigen und den Weg anzugeben, auf dem eine Erklärung liegen muss.

Wir wollen nun versuchen, unsere Gedanken in die Zeit zurückzuversetzen, wo unser Sonnensystem seinen Anfang nahm. Wir alle kennen die gewöhnlichen astronomischen Hypothesen seines Ursprungs. Die esoterische Wissenschaft nimmt diese Theorien in groben Umrissen in dem Sinne an, dass sie die rein physische Seite der Evolution unseres Systems korrekt darstellt, doch fügt sie hinzu, dass, wenn wir unsere Aufmerksamkeit nur auf diese physische Seite beschränken, wir eine sehr unvollkommene und unzusammenhängende Vorstellung von den wirklichen Tatsachen bekommen. Sie behauptet, um damit zu beginnen, dass das erhabene Wesen, welches es unternimmt, ein System zu gestalten (und welches wir bisweilen den *Logos* des Systems nennen), zuerst in seinem Denken einen vollkommenen Begriff des Ganzen mit allen seinen aufeinanderfolgenden Weltenketten entwirft. Durch den bloßen Akt dieser Begriffsbildung ruft es das Ganze auf dem Plan seines Denkens – ein Plan, der natürlich weit höher ist als alle, die wir kennen – in gleichzeitige, objektive Existenz. Von diesem Plan steigen die verschiedenen Planeten, sobald es erforderlich ist, in jenen Zustand weiterer Materialität herab, der ihnen bestimmt ist. Wenn wir nicht beständig diese Tatsache der wirklichen Existenz des ganzen Systems von seinem ersten Anfang an auf einem höheren Plan vor Augen haben, dann werden wir die physische Entwicklung, die wir hier unten sehen, stets falsch auffassen.

Aber die esoterische Lehre weiß noch mehr darüber zu sagen. Sie erklärt nicht nur, dass dieses ganze wunderbare System, zu dem wir gehören, von seinem Logos sowohl auf den tieferen als auch auf den höheren Plänen ins Leben gerufen wurde, sondern auch, dass die Verbindung desselben mit ihm noch viel inniger ist, denn es ist ganz und gar ein Teil von ihm – eine teilweise Offenbarung seiner selbst auf dem physischen Plan – wodurch die Bewegung und die Kraft des ganzen Systems seine Kraft ist und alles innerhalb der Grenzen seiner Aura lebt. So erstaunlich diese Vorstellung ist, wird sie denen nicht ganz unbegreiflich sein, die sich mit dem Studium der Aura bereits beschäftigt haben.

Wir wissen, dass immer dann, wenn jemand sich auf dem

Geistigen Pfad höher entwickelt, sein Kausalkörper, der die bestimmende Grenze seiner Aura ist, sowohl an Größe als auch Leuchtkraft und Reinheit der Farbe deutlich zunimmt. Viele von uns wissen aus Erfahrung, dass die Aura eines Schülers, der bereits einen beträchtlichen Fortschritt auf dem Pfad gemacht hat, viel größer ist als die eines Menschen, der eben den ersten Schritt darauf beginnt, während bei einem Adepten die verhältnismäßige Zunahme noch weit stärker ist. Wir lesen in östlichen Schriften von der ungeheuren Ausdehnung der Aura Buddhas. Ich glaube, dass an einer Stelle drei Meilen als Umfang angegeben ist. Aber wie groß ihr genaues Maß auch sein mag, so ist es klar, dass wir hier einen Bericht mehr von der Tatsache des außerordentlich schnellen Wachstums des Kausalkörpers haben, wenn der Mensch auf dem aufwärtsführenden Pfad voranschreitet. Man darf sich daher nicht wundern, wenn gesagt wird, dass die Aura eines Adepten auf einer noch höheren Stufe die ganze Welt in sich einschließe. So können wir unser Denken allmählich zu der Erkenntnis erheben, dass es ein Wesen gibt, das so erhaben ist, dass es unser ganzes Sonnensystem umfasst. Doch es sei daran erinnert, so ungeheuer uns das auch scheinen mag, dass dies doch nur wie ein kleiner Tropfen in dem großen Ozean des Raumes ist.

Buchstäblich wahr ist es daher von dem Logos (der in sich alle Kräfte und Eigenschaften hat, mit denen wir uns den höchsten uns vorstellbaren Gott begabt denken können), wie von alters her zu sagen, dass alle Dinge »aus ihm und durch ihn und in ihm sind« und »dass wir in ihm leben, weben und sind«.

Wenn dem so ist, so muss alles, was innerhalb unseres Systems geschieht, absolut im Bewusstsein seines Logos vor sich gehen. Wir verstehen also, dass alle Aufzeichnungen sein Gedächtnis sein müssen. Ferner ist es klar, unabhängig davon, auf welchem Plan auch dieses wunderbare Gedächtnis existiert, dass es über alles, das wir kennen, weit erhaben sein muss. Alle Aufzeichnungen, die wir zu lesen fähig sind, stellen nur eine Widerspiegelung dieser großen, beherrschenden Wirklichkeit in den dichteren Stoffen der tieferen Pläne dar.

Auf dem Astralplan ist es sofort offenkundig, dass dies so ist. Das, womit wir es zu tun haben, ist nur die Spiegelung einer Spiegelung und zwar eine sehr unvollkommene, denn Aufzeichnungen, die man dort erreichen kann, sind äußerst fragmentarisch und oft gänzlich entstellt. Wir wissen, wie allgemein Wasser als Symbol des Astrallichtes benutzt wird, und in diesem besonderen Fall ist es ein ganz vorzügliches Symbol. Von der Oberfläche eines stillen Wassers können wir ein klares Spiegelbild der Umgebung bekommen, gerade wie bei einem Spiegel. Doch ist es im besten Fall eben nur ein Spiegelbild – eine Wiedergabe in zwei Dimensionen von drei-dimensionalen Gegenständen – und daher in allen seinen Eigenschaften, außer in der Farbe, verschieden von dem, was es darstellt. Außerdem ist es immer umgekehrt.

Ist aber die Oberfläche des Wassers vom Wind gekräuselt, was sehen wir dann? Zwar immer noch eine Widerspiegelung, jedoch so gebrochen und entstellt, dass sie uns keine oder eine ganz falsche Vorstellung von der Gestalt und der wirklichen Erscheinung der reflektierten Gegenstände gibt. Bisweilen wird es uns einen Augenblick gelingen, ein klares Spiegelbild von einem kleinen Teil der Szene zu erhalten – etwa von einem einzigen Blatt eines Baumes. Doch es würde viel Mühe und eine gute Kenntnis der Naturgesetze erfordern, wenn man sich einen einigermaßen richtigen Begriff des reflektierten Gegenstandes machen wollte, indem man selbst eine große Anzahl solch isolierter Fragmente eines Bildes desselben zusammensetzen würde.

Nun gibt es auf dem Astralplan niemals auch nur eine annähernd stille Oberfläche, sondern wir haben es im Gegenteil mit einer solchen zu tun, die sich in rapider und verwirrender Bewegung befindet. Man stelle sich daher vor, wie wenig klar und bestimmt die Spiegelbilder sind, die wir erhalten. Daher kann ein

Hellseher, der nur die Gabe des astralen Schauens besitzt, sich nie darauf verlassen, dass ein Bild der Vergangenheit, das ihm erscheint, vollständig und genau ist. Hier und da mag ein Teil desselben richtig sein, doch hat er keine Mittel zu erkennen, welcher Teil es ist. Wenn er unter Aufsicht eines erfahrenen Lehrers steht, dann kann ihm nach langer und sorgfältiger Schulung gezeigt werden, wie er zwischen verlässlichen und unzuverlässigen Eindrücken zu unterscheiden hat, um aus den gebrochenen Reflexen eine Art Bild von dem reflektierten Gegenstand zu konstruieren. Doch lange bevor er diese Schwierigkeiten gemeistert hat, wird er gewöhnlich das mentale Sehen entwickelt haben, das solche Arbeit unnötig macht.

Auf dem nächsten Plan, den wir den Mentalplan nennen, sind die Zustände ganz anders. Dort sind die Aufzeichnungen vollständig und genau, und es würde unmöglich sein, sich beim Lesen zu irren. Das heißt, wenn drei Hellseher, die die Fähigkeit des mentalen Schauens besitzen, bestimmte Aufzeichnungen darin prüfen wollten, dann würden sie in jedem Fall dasselbe Spiegelbild in ihrer Vision sehen, und jeder von ihnen würde einen genauen Eindruck beim Lesen desselben bekommen. Daraus folgt jedoch nicht, dass, wenn sie später ihre Eindrücke auf dem physischen Plan vergleichen, ihre Berichte genau übereinstimmen müssen. Es ist eine bekannte Tatsache, dass, wenn drei Leute, die hier in der physischen Welt Zeugen einer Begebenheit sind und diese nachher beschreiben, ihre Berichte sehr voneinander verschieden sind. Denn jeder wird besonders diejenigen Punkte bemerken, die ihm am meisten auffallen, und wird sie unbewusst zu den hervorragendsten Punkten des Ereignisses machen, dabei aber bisweilen andere Punkte unbeachtet lassen, die in Wirklichkeit viel wichtiger sind.

Nun würde bei einer Beobachtung auf dem Mentalplan diese persönliche Auffassung die empfangenen Eindrücke nicht nennenswert verändern. Da jeder eine gründliche Darstellung von dem Ganzen bekäme, würde es ihm unmöglich sein, die einzelnen Teile anders als im richtigen Verhältnis zu sehen. Doch außer bei sorgfältig geschulten und erfahrenen Personen tritt dieser Faktor stets in Erscheinung, wenn die Eindrücke auf die niederen Pläne übertragen werden. Es liegt in der Natur der Dinge, dass irgendein hier auf dem physischen Plan gegebener Bericht von einer Vision oder Erfahrung auf dem Mentalplan unmöglich vollkommen sein kann, da neun Zehntel von dem, was man dort sieht oder fühlt, mit Worten unserer Sprache überhaupt nicht ausgedrückt werden können. Weil jeder Ausdruck daher einseitig sein muss, so liegt natürlich die Möglichkeit vor, dass eine Auswahl in dem auszudrückenden Teil getroffen wird. Aus diesem Grund ist in den theosophischen Forschungen der letzten Jahre so viel Nachdruck auf beständiges Kontrollieren und Berichtigen der hellseherischen Zeugnisse gelegt worden, und nichts, was nur von einer Person gesehen wurde, durfte in den Veröffentlichungen erscheinen.

Aber selbst wenn die Möglichkeit des Irrtums aus diesem Faktor der persönlichen Auffassung durch sorgfältige wechselseitige Überprüfung auf ein Minimum beschränkt worden ist, so bleibt doch immer noch die große Schwierigkeit des Übermittelns der Eindrücke von einem höheren Plan zu einem niederen. Das ist in mancher Hinsicht analog zu der Schwierigkeit, die ein Maler empfindet, wenn er sich bemüht, eine dreidimensionale Landschaft auf einer flachen Oberfläche darzustellen – das heißt tatsächlich in zwei Dimensionen. Gerade wie der Maler lange und sorgsam Auge und Hand üben muss, bevor er die Natur einigermaßen gut wiedergeben kann, so braucht auch der Hellseher eine lange und sorgfältige Schulung, ehe er auf einem tieferen Plan genau beschreiben kann, was er auf einem höheren gesehen hat. Es ist fast ebenso unwahrscheinlich, eine genaue Beschreibung von einer ungeübten Person zu bekommen, als eine vollkommene Landschaft von jemandem, der niemals zeichnen gelernt hat.

Es sei auch daran erinnert, dass selbst das vollkommenste Bild in der Tat unendlich weit davon entfernt ist, eine Reproduktion der dargestellten Szene zu sein, denn kaum eine einzige Linie oder ein Winkel können jemals dieselben sein wie im Original. Es ist einfach ein genialer Versuch, mit bloß einem unserer fünf Sinne mittels Linien und Farben auf einer flachen Oberfläche einen Eindruck hervorbringen zu wollen, der ähnlich demjenigen ist, den wir durch den Anblick der Szene selbst empfangen würden. Außer durch das Erwecken einer Vorstellung, die aber ganz von schon vorher gehabten Erlebnissen abhängt, kann das Bild uns nichts von dem Brausen des Meeres, von dem Duft der Blumen, dem Geschmack der Früchte oder der Weiche oder Härte der abgebildeten Gegenstände übermitteln.

Genau gleicher Art, obgleich weit größer, sind die Schwierigkeiten, die ein Hellseher empfindet, wenn er versucht, auf dem physischen Plan zu beschreiben, was er auf dem astralen gesehen hat. Diese Probleme werden noch vergrößert durch die Tatsache, dass er, anstatt nur in das Denken seiner Zuhörer Begriffe zurückzurufen, mit denen sie bereits vertraut sind – wie der Künstler es tut, wenn er Menschen oder Tiere, Felder oder Bäume malt – mit den zu seiner Verfügung stehenden unvollkommenen Mitteln versuchen muss, in ihnen Begriffe hervorzurufen, die ihnen in den meisten Fällen absolut neu sind.

Wie lebhaft und ergreifend seine Schilderungen auch seinen Zuhörern erscheinen mögen, so braucht man sich nicht zu wundern, dass er selbst sie ganz unzulänglich findet und das Gefühl hat, als ob seine besten Bemühungen unmöglich eine Vorstellung von dem, was er gesehen hat, übermitteln können. Es sei daran erinnert, dass, wenn uns hier unten ein Bericht von einer auf dem Mentalplan gelesenen Aufzeichnung gegeben wird, dieser schwierige Prozess der Übertragung von dem höheren zum tieferen Plan nicht einmal, sondern zweimal stattgefunden hat, da das Gedächtnis durch den dazwischenliegenden Astralplan hindurchgehen musste. Selbst in dem Fall, wenn die mentalen Fähigkeiten des Forschers so entwickelt sind, dass er sie während des Wachzustandes in seinem physischen Körper benutzen kann, so wird er doch stets in Verlegenheit gebracht durch die absolute Unfähigkeit der physischen Sprache, das auszudrücken, was er sieht.

Man versuche es einen Augenblick, sich ganz vorzustellen, was die sogenannte vierte Dimension ist, die wir bereits in einem früheren Kapitel erwähnt haben. Es ist leicht, an unsere drei Dimensionen zu denken und uns die Länge, Breite und Höhe irgendeines Gegenstandes vorzustellen; denn wir wissen, dass jede dieser drei Dimensionen durch eine Linie dargestellt wird, die zu den beiden anderen einen rechten Winkel bildet. Die Idee der vierten Dimension ist die, dass wir uns eine Linie vorstellen, die zu allen drei bereits existierenden rechte Winkel bildet.

Nun kann der gewöhnliche Verstand diese Idee nicht im Geringsten begreifen, obgleich einige wenige Menschen, die dieses Thema besonders studierten, sich allmählich die Fähigkeit erworben haben, sich eine oder zwei sehr einfache vierdimensionale Figuren vorzustellen.

Dennoch können keine Worte, die auf unserem Plan zur Verfügung stehen, dem Denken anderer irgendein Bild dieser Figuren vermitteln. Jeder Leser, der in dieser Hinsicht nicht besonders geschult ist, würde es ganz unmöglich finden, wenn er versuchen wollte, sich eine solche Gestalt sichtbar vorzustellen. Wollte man nun eine derartige Form in physischen Worten genau darstellen, so würde das in der Tat die genaue Beschreibung eines einzigen Gegenstandes auf dem Astralplan sein, aber wenn wir die Aufzeichnungen auf dem Mentalplan untersuchen wollten, so hätten wir die zusätzliche Schwierigkeit einer fünften Dimension zu überwinden! Es muss also selbst dem oberflächlichsten Beobachter einleuchten, dass es unmöglich ist, diese Aufzeichnungen vollkommen zu erklären.

Wir haben diese Aufzeichnungen das *Gedächtnis des Logos*

genannt, doch sind sie viel mehr als ein Gedächtnis im gewöhnlichen Sinne des Wortes. Wenngleich wir uns unmöglich vorstellen können, wie diese Bilder von seinem Standpunkt aus erscheinen, so wissen wir doch, dass in dem Maße, wie wir höher und höher steigen, wir uns dem wahren Gedächtnis nähern müssen – also seiner Anschauungsweise näherkommen. Daraus ist das große Interesse des Hellsehers in Beziehung auf diese Aufzeichnungen zu erklären, wenn er sich auf dem buddhischen Plan befindet – dem höchsten, den sein Bewusstsein erreichen kann, selbst wenn es den physischen Körper verlassen hat, bis er die Höhe der Arhats[4] erreicht.

Hier wird er nicht länger durch Zeit und Raum beschränkt. Er muss nicht mehr, wie auf dem Mentalplan, auf eine Reihe Ereignisse zurückzublicken, denn Vergangenheit, Gegenwart und Zukunft sind für ihn alle gleichzeitig gegenwärtig, so sinnlos das auch hier unten klingen mag. Obgleich selbst dieser erhabene Plan noch unendlich tief unter dem Bewusstsein des Logos liegt, so wird doch klar genug aus dem, was wir dort sehen, dass die Aufzeichnungen für den Logos weit mehr sein müssen, als was wir Gedächtnis nennen. Alles, was in der Vergangenheit geschehen ist, und alles, was in der Zukunft geschehen wird, *geschieht jetzt* vor seinen Augen in derselben Weise wie die Ereignisse der sogenannten Gegenwart. Durchaus unglaublich, ganz unbegreiflich natürlich für unseren beschränkten Verstand – und dennoch absolut wahr.

Natürlich können wir auf unserer gegenwärtigen Erkenntnisstufe nicht erwarten zu verstehen, wie eine solche wunderbare Wirkung entsteht, und eine Erklärung versuchen zu wollen, würde uns nur in einen Nebel von Worten hüllen, aus dem wir keine wirkliche Kenntnis erlangen würden. Doch eine Gedankenrichtung fällt mir ein, die vielleicht den Weg, auf dem die Erklärung möglicherweise liegen mag, angeben kann. Alles, was uns zu der

---

4 Arhat. Im Buddhismus ein „erwachtes Wesen". (Anm. d. Hrsg.)

Vorstellung verhilft, dass eine solche erstaunliche Behauptung trotz allem nicht ganz unmöglich sein mag, wird dazu beitragen, unser Denken zu weiten.

Ich erinnere mich, vor etwa dreißig Jahren ein sehr merkwürdiges kleines Buch gelesen zu haben, das, wie ich glaube, »*The Stars and the Earth*« betitelt war. Dessen Absicht war es, zu beweisen, wie es wissenschaftlich möglich sei, dass die Vergangenheit und die Gegenwart dem Geist Gottes absolut gleichzeitig erscheinen könne. Seine Beweisführung fiel mir damals als entschieden geistreich auf, und ich will sie im Folgenden kurz zusammenfassen, da ich denke, dass sie in Verbindung mit dem Gegenstand, den wir betrachten, Anregungen bringen kann.

Wenn wir etwas sehen, ob es nun ein Buch ist, das wir in der Hand halten, oder ein Stern, der Millionen von Meilen entfernt ist, so geschieht das mittels einer Schwingung im Äther, die gewöhnlich ein Lichtstrahl genannt wird und von dem gesehenen Gegenstand zu unseren Augen übergeht. Nun ist die Schnelligkeit dieser Schwingung so groß, dass, wenn wir irgendeinen Gegenstand in unserer eigenen Welt betrachten, wir ihn tatsächlich als augenblicklich gegenwärtig ansehen können. Haben wir dagegen mit planetarischen Entfernungen zu tun, so müssen wir auch die Schnelligkeit des Lichtes mit in Betracht ziehen, denn es erfordert eine beträchtliche Zeit, um die unendlich weiten Räume zu durchmessen. So dauert es über acht Minuten, bis das Licht der Sonne zu uns kommt, so dass wir, wenn wir die Sonnenkugel betrachten, sie mittels eines Lichtstrahles sehen, der sie vor mehr als acht Minuten verließ.

Daraus folgt ein sehr merkwürdiges Ergebnis. Der Lichtstrahl, durch den wir die Sonne sehen, kann uns nur den Stand der Dinge übermitteln, den jener Leuchtkörper besaß, als der Strahl seine Reise begann, und er wird nicht im Geringsten durch irgendetwas berührt, das nach seinem Verlassen geschah. Weshalb wir also die Sonne nicht so sehen, wie sie ist, sondern wie sie vor acht Minuten war. Wenn daher irgendetwas Wichtiges in der Sonne geschieht – etwa die Bildung eines neuen Sonnenflecks – kann ein Astronom, der zu der Zeit den Sonnenkörper durch sein Teleskop beobachtet, diesen Vorgang, während er geschieht, absolut nicht sehen, da der ihm die Nachricht überbringende Lichtstrahl ihn erst acht Minuten später erreicht.

Der Unterschied ist noch auffallender, wenn wir die Fixsterne betrachten, weil da die Entfernungen so unendlich viel größer sind. Der Polarstern ist so weit entfernt, dass das Licht, das sich mit der oben erwähnten unbegreiflichen Schnelligkeit bewegt, etwas länger als fünfzig Jahre braucht, um zu uns zu gelangen, und daraus ergibt sich die sonderbare, aber unvermeidliche Schlussfolgerung, dass wir den Polarstern nicht sehen, wie und wo er in diesem Augenblick ist, sondern so, wie und wo er vor fünfzig Jahren war. Würde morgen also irgendeine kosmische Katastrophe den Polarstern zerschmettern, dann würden wir ihn trotzdem noch bis an unser Lebensende friedlich am Himmel scheinen sehen. Unsere Kinder würden aufwachsen, das mittlere Lebensalter erreichen und ihrerseits ihre Kinder um sich versammeln, ehe die Nachricht von diesem furchtbaren Unfall unser Auge erreichte. So gibt es andere Sterne, die so weit entfernt sind, dass das Licht Tausende von Jahren unterwegs ist, um von ihnen zu uns zu gelangen, und bezüglich ihres Zustandes ist unsere Kenntnis daher Tausende von Jahren hinter der Zeit.

Nun wollen wir diese Beweisführung einen Schritt weiter verfolgen. Angenommen, man könnte einen Menschen in eine Entfernung von 186 000 Meilen von der Erde versetzen und ihm die wunderbare Fähigkeit verleihen, aus dieser Entfernung trotzdem zu sehen, was hier geschieht, und zwar so deutlich, als wenn er noch dicht neben uns stände. Es ist klar, dass ein Mensch in dieser Stellung alles eine Sekunde später sehen würde, als es wirklich geschieht, und daher im gegenwärtigen Augenblick das sehen würde, was vor einer Sekunde geschehen ist. Wenn man die

Entfernung verdoppelt, würde er zwei Sekunden hinter der Zeit sein und so weiter. Versetzt man ihn in die Entfernung der Sonne (wobei man ihn dieselbe mysteriöse Sehkraft beibehalten lässt), dann wird er auf uns niederblicken und beobachten, nicht was wir jetzt tun, sondern was wir vor über acht Minuten ausgeführt haben. Versetzt man ihn nun auf den Polarstern, so würde er vor seinen Augen die Ereignisse sich abspielen sehen, die vor fünfzig Jahren stattgefunden haben. Er würde die kindlichen Spielereien derer beobachten können, die in demselben Augenblick bereits Menschen im mittleren Lebensalter wären. So seltsam das klingen mag, so ist es doch buchstäblich und wissenschaftlich wahr und kann nicht geleugnet werden.

In dem kleinen Buch wurde dann ganz logisch weiter ausgeführt, dass Gott, da er allmächtig ist, die wunderbare Sehkraft besitzen muss, die wir unserem Beobachter verliehen haben; und ferner, da er allgegenwärtig ist, muss er an jeder der von uns erwähnten Stationen sein und auch an jedem dazwischenliegenden Punkt, nicht nacheinander, sondern gleichzeitig. Aus diesen Prämissen folgt nun der unvermeidliche Schluss, dass alles, was jemals seit dem Beginn der Welt geschehen ist, in diesem selben Augenblick vor dem Auge Gottes stattfinden muss – nicht nur als eine bloße Erinnerung daran, sondern derart, dass der wirkliche Vorgang selbst jetzt von ihm beobachtet wird.

Das alles ist sehr materialistisch gedacht und gehört der Ebene der rein physischen Wissenschaft an, und wir können daher sicher sein, dass das Gedächtnis des Logos nicht in dieser Weise wirkt. Doch es ist klar ausgeführt und unbestreitbar. Zudem kann es uns nützlich sein, da es einen Blick auf ein Bewusstsein erschließt, das uns sonst vielleicht nicht zugänglich ist.

Aber vielleicht fragt jemand, wie es möglich ist, unter der verwirrenden Fülle dieser Aufzeichnungen der Vergangenheit irgendein besonderes Bild herauszufinden, wenn es gesucht wird? Es ist eine Tatsache, dass der ungeschulte Hellseher es gewöhnlich nicht ohne ein besonderes Bindeglied kann, das ihn mit dem verlangten Gegenstand in Kontakt bringt. Die Psychometrie ist ein treffendes Beispiel dafür, und es ist ganz wahrscheinlich, dass unser gewöhnliches Gedächtnis tatsächlich nur eine andere Erscheinung desselben Begriffes ist. Es macht den Eindruck, als ob eine Art magnetischer Anziehung oder Verwandtschaft zwischen jedem Stoffteilchen und der Aufzeichnung besteht, die seine Geschichte enthält – eine Verwandtschaft, die es befähigt, als eine Art Leitungsdraht zwischen dieser Aufzeichnung und der Fähigkeit desjenigen zu wirken, der es lesen kann.

Ich brachte einmal aus Stonehenge ein winziges Stückchen Gestein, nicht größer als ein Stecknadelkopf, mit, steckte es in einen Umschlag und gab es einer psychometrisch begabten Dame. Diese hatte keine Ahnung, was es war, begann aber sogleich, diese wunderbare Ruine und ihre öde Umgebung zu beschreiben. Dann fuhr sie fort, eine lebhafte Schilderung von Szenen zu geben, die sich dort offenbar in früheren Zeiten abgespielt hatten. Sie bewies also dadurch, dass dieses unendlich kleine Bruchstück genügt hatte, um sie mit den Aufzeichnungen in Verbindung zu setzen, die mit dem Ort seines Ursprungs in Beziehung standen. Die Szenen, die sich während unseres Lebenslaufes abspielen, wirken anscheinend in derselben Weise auf die Zellen unseres Gehirns wie die Geschichte von Stonehenge auf dieses Steinteilchen wirkte: Sie stellen eine Verbindung mit jenen Zellen her, mittels derer unser Bewusstsein mit diesem besonderen Teil der Aufzeichnungen in Beziehung gebracht wird, und dadurch »erinnern« wir uns an das, was wir erlebt haben.

Selbst ein geschulter Hellseher benötigt ein Verbindungsglied, um die Aufzeichnung eines Ereignisses zu finden, das er vorher nicht kannte. Wenn er etwa die Landung Julius Cäsars an der Küste Englands beobachten will, so kann er das auf verschiedene Art tun.

Hat er früher einmal den Schauplatz der Szene besucht, so

würde es am einfachsten sein, sich das Bild des Ortes ins Gedächtnis zu rufen und dann die Aufzeichnungen zurückzugehen, bis er die gewünschte Periode erreicht hat. Wenn er den Ort nicht kennt, so kann er sich zeitlich zurückversenken bis zum Datum des Ereignisses und dann im Ärmelkanal nach einer Flotte römischer Galeeren suchen, oder er könnte die Aufzeichnungen über römisches Leben in jener Periode prüfen, wobei es ihm nicht schwerfallen dürfte, eine so hervorragende Gestalt wie die Cäsars herauszufinden. Er könnte ihm dann, sobald er ihn gefunden hat, durch alle seine gallischen Kriege hindurch folgen, bis er seinen Fuß auf britischen Boden setzte.

Es wird oft gefragt, wie diese Aufzeichnungen aussehen, ob sie dem Auge nahe oder entfernt erscheinen oder ob die Figuren darin groß oder klein sind, ob die Bilder einander wie in einem Panorama folgen oder ineinander übergehen wie Nebelbilder. Man kann darauf nur antworten, dass ihre Erscheinung bis zu einem gewissen Grad wechselt, je nach den Bedingungen, unter denen sie gesehen werden. Auf dem Astralplan ist die Widerspiegelung meistens ein einfaches Bild, obgleich die geschauten Figuren sich gelegentlich bewegen. In diesem Fall findet statt einer bloßen Momentaufnahme eine längere und vollkommene Widerspiegelung statt.

Auf dem Mentalplan können sie zwei ganz verschiedene Erscheinungen darbieten. Wenn der Seher, der diesen Plan besucht, nicht besonders an sie denkt, dann bilden die Aufzeichnungen einfach für alles, was geschieht, einen Hintergrund, ebenso wie die Reflexe in einem großen Spiegel an der rückseitigen Wand eines Raumes für das Leben der darin sich befindenden Leute einen Hintergrund bilden. Man muss sich stets daran erinnern, dass sie unter diesen Bedingungen wirklich bloße Reflexe aus der unaufhörlichen Wirksamkeit eines großen Bewusstseins auf einem weit höheren Plan sind und Ähnlichkeit mit den Bildern eines Kinofilmes haben. Sie gehen nicht ineinander über wie Nebelbilder, noch folgen sie hintereinander in einer Reihe gewöhnlicher Bilder; aber die Tätigkeit der reflektierten Figuren geht fortwährend so weiter, als ob man Schauspieler auf einer entfernten Bühne beobachten würde.

Doch wenn der geübte Forscher seine Aufmerksamkeit auf irgendeine besondere Szene lenkt oder sie vor sich zu haben wünscht, so findet augenblicklich ein außerordentlicher Wechsel statt, denn dies ist die Ebene der Gedanken, und an etwas zu denken bedeutet, es sofort vor sein Bewusstsein zu bringen. Will jemand die Aufzeichnungen des Ereignisses sehen, das wir vorhin erwähnt haben – die Landung Julius Cäsars –, so befindet er sich innerhalb eines Augenblickes nicht wie auf ein Bild blickend, sondern an dem Ufer unter den Legionären. Die ganze Szene spielt sich dann um ihn herum ab, und zwar ganz genau so, wie er sie gesehen haben würde, wenn er in seinem physischen Körper an jenem Herbstmorgen im Jahre 55 v. Chr. dort gestanden hätte. Da das, was er sieht, nur eine Spiegelung ist, so wissen die handelnden Personen natürlich nichts von ihm, noch kann er im Geringsten, so sehr er sich auch bemühen würde, den Verlauf ihrer Handlung ändern. Er kann nur die Geschwindigkeit regeln, mit der das Drama sich vor ihm abspielen soll – er kann die Ereignisse eines ganzen Jahres in einer einzigen Stunde vor seinen Augen sich wiederholen lassen, oder er kann auch jederzeit den Fluss der Bewegung aufhalten und irgendeine besondere Szene, so lange er will, in Muße betrachten.

Tatsächlich sieht er nicht nur, was er gesehen hätte, wenn er zu der Zeit physisch dabei gewesen wäre, sondern viel mehr. Er hört und versteht alles, was die Menschen sagen, und er ist sich aller ihrer Gedanken und Motive bewusst. Eine der interessantesten Möglichkeiten, die sich dabei demjenigen erschließt, der gelernt hat, die Aufzeichnungen zu lesen, ist das Studium der Gedankenwelt vergangener Zeitalter, der Gedanken der Höhlenbewohner und Pfahlbautenbewohner so gut wie jener, die die mächtigen Zivilisationen von Atlantis, Ägypten oder Chaldäa beherrschten. Man kann sich leicht einen Begriff machen, welche herrlichen Möglichkeiten sich vor demjenigen eröffnen, der im vollen Besitz dieser Kraft ist. Er hat vor sich ein Feld historischer Forschung von hervorragendem Interesse. Er kann nicht nur mit Muße auf die ganze Geschichte zurückblicken, die wir kennen, und während er sie prüft, die vielen Irrtümer und falschen Auffassungen richtigstellen, die sich in die uns überkommenen Berichte eingeschlichen haben, sondern auch nach Belieben die ganze Geschichte des Weltalls durchwandern und die langsame Entwicklung des Intellekts im Menschen beobachten sowie das Herabsteigen der *Herrn der Flamme* und das Wachstum der mächtigen Zivilisationen, die sie gegründet haben.

Auch ist sein Studium nicht auf den Fortschritt der Menschheit allein beschränkt. Er hat vor sich, wie in einem Museum, alle seltsamen Tier- und Pflanzenformen, die in den Tagen, als die Welt jung war, existierten. Er kann alle wunderbaren geologischen Veränderungen verfolgen, die stattgefunden haben, und den Verlauf der großen Umwälzungen beobachten, die immer wieder die ganze Erdoberfläche veränderten.

In einem besonderen Fall ist dem Leser der Aufzeichnungen sogar eine noch innigere Verbindung mit der Vergangenheit möglich. Wenn er im Laufe seiner Nachforschungen auf eine Szene zu blicken hat, an der er in einem früheren Leben selbst teilgenommen hat, so kann er auf zweierlei Art verfahren. Er kann sie entweder in der gewöhnlichen Weise als Zuschauer betrachten (obgleich stets, wie schon bemerkt, als ein solcher, dessen Einsicht und Mitempfinden vollkommen sind), oder er kann sich noch einmal mit dieser lang verstorbenen Persönlichkeit, die ihm einst angehörte, identifizieren. Er kann sich in jenes Leben von damals versetzen und die Gedanken und Empfindungen, die Freuden und Leiden einer vorhistorischen Vergangenheit wieder ganz erleben. Man kann sich keine wilderen und lebhafteren

Abenteuer vorstellen, als manche von denen, die er so durchmachen mag. Doch durch all das hindurch darf er niemals das Bewusstsein seiner eigenen Individualität verlieren – und er muss sich die Kraft bewahren, nach Belieben in seine jetzige Persönlichkeit zurückzukehren.

Es ist oft gefragt worden, wie es einem Forscher möglich ist, den Zeitpunkt irgendeines Bildes aus der weit entfernten Vergangenheit, das er aus den Aufzeichnungen ausgräbt, genau zu bestimmen. Zwar ist es bisweilen ziemlich langwierig, einen genauen Zeitpunkt aufzufinden, doch ist das meistens möglich, wenn es sich lohnt, Zeit und Mühe dafür aufzuwenden. Wenn wir es mit der Zeit der Römer oder Griechen zu tun haben, dann ist die einfachste Methode gewöhnlich die, die Gedanken der intelligentesten Person, die im Bild gegenwärtig ist, zu prüfen und zu sehen, welches Datum sie annimmt; oder der Forscher kann den Betreffenden beobachten, wie er einen Brief oder ein anderes Dokument schreibt, und sehen, ob und was für ein Datum er setzt. Hat man so einmal das römische oder griechische Datum erlangt, dann ist nur eine kurze Berechnung nötig, um es auf unsere eigene Zeitrechnung zu übertragen.

Eine andere, häufig angewandte Methode ist die, sich von der beobachteten Szene zu einem zeitgenössischen Ereignis in einer großen und wohlbekannten Stadt, wie zum Beispiel Rom, zu wenden, um zu sehen, welcher Kaiser dort herrscht oder welche Konsuln in dem Jahr regieren. Sind solche Tatsachen entdeckt, dann wird ein Blick in irgendein gutes Geschichtswerk das Übrige leicht herausfinden helfen. Bisweilen kann ein Zeitpunkt durch Prüfung einer öffentlichen Bekanntmachung oder irgendeines gesetzlichen Dokumentes gefunden werden. Tatsächlich ist die Schwierigkeit in den Zeiten, von denen wir sprechen, leicht zu überwinden.

Die Sache ist jedoch durchaus nicht so einfach, wenn wir es mit viel früheren Perioden zu tun haben – mit einer Szene aus dem alten Ägypten, Chaldäa, China oder, um noch weiter zurückzugehen, von Atlantis selbst oder irgendeiner seiner zahlreichen Kolonien. Ein Zeitpunkt kann zwar noch leicht genug aus den Gedanken irgendeines gebildeten Menschen abgelesen werden, aber es ist nicht mehr möglich, ihn auf unsere eigene Zeitrechnung zu übertragen, da der betreffende Mensch mit Zeitaltern rechnet, von denen wir nichts wissen, oder nach den Regierungszeiten von Königen, deren Geschichte in der Nacht der Zeiten verlorengegangen ist.

Unsere Methoden sind jedoch noch nicht erschöpft. Es sei daran erinnert, dass es dem Forscher möglich ist, die vor ihm liegenden Aufzeichnungen mit jeder gewünschten Geschwindigkeit durchzusehen, ein Jahr in der Sekunde, wenn er will, oder noch viel schneller. Nun gibt es einige Ereignisse in der alten Geschichte, deren Daten bereits genau festgelegt worden sind – wie beispielsweise der Untergang von Poseidonis[5] im Jahre 9564 v. Chr. Es ist daher klar, wenn aus dem allgemeinen Anschein der Umgebung als wahrscheinlich hervorgeht, dass ein geschautes Bild in messbarer Entfernung von einem dieser Ereignisse liegt, so kann es durch den einfachen Prozess eines raschen Durchlaufens der Aufzeichnungen und Zählens der dazwischenliegenden Jahre in Beziehung zu diesem Ereignis gebracht werden.

Wenn jedoch diese Jahre nach Tausenden zählen, wie es bisweilen geschehen kann, dann würde diese Methode unerträglich langwierig sein. Wir müssten dann auf die astronomische Methode zurückgreifen. Infolge der Bewegung, die gewöhnlich die Präzision des Frühlingspunktes genannt wird, obgleich sie wohl genauer als eine Art zweite Rotation der Erde beschrieben werden könnte, ändert sich der Winkel zwischen dem Äquator und der Ekliptik langsam, aber beständig. So finden wir nach lan-

---

5 Poseidonis war die letzte verbliebene Hauptinsel von Atlantis, von der Platon im „Timaios" berichtet. (Anm. d. Hrsg.)

gen Zeiträumen den Erdpol nicht mehr gegen dieselbe Stelle in der scheinbaren Himmelssphäre gerichtet. Mit anderen Worten: Unser Polarstern ist nicht, wie gegenwärtig, der Stern Alpha des Kleinen Bären, sondern irgendein anderer Himmelskörper. Aus dieser Stellung des Erdpoles, die durch sorgfältige Beobachtung des nächtlichen Himmels des zu betrachtenden Bildes leicht zu bestimmen ist, kann ein annäherndes Datum ohne Schwierigkeit berechnet werden.

Bei der Schätzung des Zeitpunktes von Ereignissen, die vor Millionen von Jahren in früheren Welt-Zeitaltern stattgefunden haben, wird die Periode einer solchen sekundären Rotation (der Präzision des Frühlingspunktes) häufig als Maßeinheit benutzt, doch ist natürlich absolute Genauigkeit in solchen Fällen gewöhnlich nicht erforderlich. Abgerundete Zahlen sind für alle praktischen Zwecke genügend, wenn man es mit so entfernten Zeitabschnitten zu tun hat.

Man muss sich jedoch nicht vorstellen, dass es jedem möglich ist, die Aufzeichnungen des eigenen Lebens oder des Lebens anderer ohne vorhergegangene gründliche Schulung genau zu lesen. Wie bereits bemerkt wurde, ist die Fähigkeit des mentalen Hellsehens erforderlich, ehe man sie in wirklich zuverlässiger Weise lesen kann, wenn man auch gelegentlich auf dem Astralplan Reflexe davon auffangen kann. Tatsächlich muss diese Kraft von dem Seher vollkommen beherrscht werden, während er bewusst in seinem physischen Körper ist, um die Möglichkeit eines Irrtums auf ein Mindestmaß herabzusetzen. Diese Fähigkeit zu erreichen, erfordert Jahre unaufhörlicher Arbeit und strenger Selbstzucht.

Manche Menschen scheinen zu erwarten, dass sie, sobald sie ihr Gesuch um Aufnahme in die Theosophische Gesellschaft unterzeichnet haben und Mitglied geworden sind, damit sogleich die Fähigkeit erwerben, sich zumindest an drei oder vier ihrer vergangenen Inkarnationen zu erinnern. Einige beginnen wirklich sogleich, sich Rückerinnerungen einzubilden, und erklären, dass sie in ihrer vorigen Inkarnation Maria Stuart, Kleopatra oder Julius Cäsar waren! Natürlich machen sich diejenigen, die so überspannte Behauptungen aufstellen, nur lächerlich; aber leider wird diese Lächerlichkeit, wenngleich ungerechterweise, leicht auf die Gesellschaft übertragen, deren Mitglieder sie sind. Daher ist es ratsam, wenn jemand von der Überzeugung erfüllt ist, er sei Homer oder Shakespeare gewesen, dies erst mit gesundem Menschenverstand auf dem physischen Plan zu überprüfen, bevor er diese Mitteilung der Welt verkündet.

Es ist wahr, dass einige Menschen Lichtblicke von Szenen aus ihren früheren Leben in Träumen gehabt haben, doch sind diese natürlich meist fragmentarisch und unzusammenhängend. Ich hatte selbst in meiner Jugend eine Erfahrung dieser Art. Unter meinen Träumen wiederholte sich einer fortwährend – ein Traum von einem Haus mit einer Säulenhalle, von der aus man eine schöne Bucht überschaute. Nicht weit davon lag ein Hügel, auf dessen Spitze ein schönes Gebäude stand. Ich kannte dieses Haus sehr gut und war so vertraut mit der Lage seiner Räume und dem Ausblick, wie ich es mit dem Inneren und der Lage meines eigenen Hauses in diesem Leben bin. Damals wusste ich nichts von Wiederverkörperung, so dass es mir nur als ein seltsames Zusammentreffen erschien, dass dieser Traum sich so oft wiederholte. Erst einige Zeit, nachdem mir ein Wissender einige Bilder aus meiner letzten Inkarnation zeigte, entdeckte ich, dass dieser beständige Traum in Wirklichkeit eine teilweise Erinnerung gewesen war, und dass das Haus, welches ich so gut kannte, jenes war, in dem ich vor mehr als zweitausend Jahren geboren worden war.

Obgleich es verschiedene Fälle der Wiedererinnerung gibt, in denen einige korrekt erinnerte Szenen auf diese Weise von einem Leben zum anderen gekommen sind, so ist doch eine ziemlich hohe Entwicklung geistiger Kräfte erforderlich, ehe ein Forscher eine Reihe von Inkarnation verfolgen kann – seien es seine eigenen oder die eines anderen Menschen. Das wird klar, wenn wir uns die Bedingungen der zu lösenden Aufgabe vor Augen halten. Um jemandem von diesem Leben zu dem vorhergehenden zu folgen, muss man zuerst sein jetziges Leben rückwärts bis zu seiner Geburt verfolgen und dann in umgekehrter Reihenfolge die Stufen durcheilen, durch die das Ego in die Inkarnation herunterstieg.

Das wird uns offensichtlich zu dem Zustand des Egos auf seinem eigenen Plan, den höheren Ebenen der Mentalwelt, zurückführen. Daraus kann man ersehen, dass der Forscher, um diese Aufgabe wirksam auszuführen, imstande sein muss, das mit diesem erhabenen Plan in Beziehung stehende Bewusstsein zu gebrauchen, und zwar während des Wachzustandes in seinem physischen Körper. Sein Bewusstsein muss also in dem sich reinkarnierenden Ego selbst seinen Mittelpunkt haben und nicht mehr in der niederen Persönlichkeit. Wenn so die Erinnerung des Egos erweckt ist, dann werden seine eigenen Inkarnationen wie ein offenes Buch vor ihm ausgebreitet liegen. Er wird dann auch imstande sein, wenn er es wünscht, die Zustände eines anderen Egos auf dieser Ebene zu prüfen und es rückwärts durch sein Devachan- und Astralleben, durch welches es hindurchging, zu verfolgen, bis er schließlich bis zu dem letzten physischen Tod dieses Egos gelangen würde und dann weiter hindurch zu seinem vorhergehenden Leben.

Es gibt keinen anderen Weg als diesen, um mit absoluter Sicherheit die Lebenskette zu verfolgen. Daher können wir solche Leute sogleich als bewusste oder unbewusste Betrüger einordnen, die ankündigen, dass sie imstande seien, für so und so viel Entgelt die Inkarnationen irgendeines Menschen ausfindig zu machen. Es ist wohl kaum nötig zu sagen, dass der wahre Esoteriker seine Kunst nicht öffentlich zeigt und unter keinen Umständen jemals Honorare für irgendeine Demonstration seiner Kräfte annimmt.

Natürlich kann ein Forscher, der die Kraft erwerben will, eine Reihe Inkarnationen zu verfolgen, es nur von einem erfahrenen Lehrer lernen. Es hat Leute gegeben, die fest behaupteten, dass es für einen Menschen nur nötig sei, harmonisch devotionell und »brüderlich« zu sein, und die ganze Weisheit der Zeitalter würde ihm sogleich zufliegen. Doch mit etwas gesundem Menschenverstand erkennt man sofort die Lächerlichkeit einer solchen Anschauung. Ein Kind kann noch so gut und brav sein; wenn es das Einmaleins erlernen will, muss es sich hinter das Rechenbuch setzen und studieren. Genau dasselbe ist der Fall mit der Fähigkeit, spirituelle Kräfte zu entfalten. Die Kräfte selbst werden sich ohne Zweifel in dem Maße offenbaren, wie der Mensch sich entwickelt, doch kann er nur durch beständige ernsthafte Arbeit und ausdauernde Anstrengung lernen, wie er sie in zuverlässiger Weise und am vorteilhaftesten benutzt.

Denken wir einmal an diejenigen, die während des Schlafes in der Astralwelt anderen helfen wollen. Es ist klar, dass ihre Dienstleistungen auf diesem höheren Plan desto besser sein werden, je mehr Kenntnis sie hier besitzen. So würde ihnen die Kenntnis fremder Sprachen nützlich sein, denn obgleich man auf dem Mentalplan direkt durch Gedankenübertragung miteinander verkehren kann, welche Sprachen man auch sonst sprechen mag, so ist das auf dem Astralplan nicht der Fall, und ein Gedanke muss hier bestimmt in Worte gekleidet werden, bevor er verständlich ist. Will man daher jemandem auf diesem Plan helfen, so muss einem eine gemeinsame Sprache zur Verfügung stehen, mittels derer man sich mitteilen kann. Je mehr Sprachen man also sprechen kann, desto nützlicher wird man sein. Es gibt wohl tatsächlich keine Art von Kenntnissen, die der Esoteriker bei seiner Arbeit nicht auf irgendeine Weise verwenden könnte.

Es wird gut sein, wenn alle Studierenden stets daran denken, dass die esoterische Philosophie die Erweiterung des gesunden Menschenverstandes ist und nicht jede Vision, die sie haben, notwendigerweise ein Bild aus der Akasha-Chronik und nicht jedes Erlebnis eine Offenbarung von oben sein muss. Es ist weit besser, sich durch einen gesunden Skeptizismus einem Irrtum auszusetzen als durch zu große Leichtgläubigkeit. Es ist auch eine vorzügliche Regel, niemals nach einer esoterischen Erklärung für irgendetwas zu suchen, wenn eine klare physische Antwort zur Verfügung steht. Es ist unsere Pflicht, danach zu streben, stets Fassung zu bewahren und nie unsere Selbstbeherrschung zu verlieren, sondern alles, was uns widerfährt, von einem gesunden, vernünftigen Standpunkt aus zu betrachten. Dann werden wir bessere Theosophen, weisere Esoteriker und nützlichere Helfer sein, als wir es vorher waren.

Wie bei den früher beschriebenen Arten des Hellsehens, so finden wir auch hier alle Grade der Fähigkeit, in dieses Gedächtnis der Natur zu schauen – von dem geschulten Hellseher, der die Aufzeichnungen selbst nach Belieben lesen kann, bis herab zu demjenigen, der nur gelegentlich einen kleinen Lichtblick davon bekommt oder der sogar nur ein einziges Mal einen solchen gehabt hat. Doch selbst wer diese Gabe nur teilweise und gelegentlich besitzt, findet sie hochinteressant. Ein mit der Fähigkeit der Psychometrie Begabter, der einen mit der Vergangenheit physisch in Beziehung stehenden Gegenstand benötigt, um alles um sich her wieder ins Leben zurückzurufen, und der Kristallblicker, der bisweilen sein weniger zuverlässiges Astral-Teleskop auf irgendeine längst vergangene historische Szene richten kann, mögen beide großes Vergnügen an der Ausübung ihrer Fähigkeiten haben, auch wenn sie nicht immer genau verstehen, wie ihre Wirkungen zustande kommen und diese Fähigkeiten nicht unter allen Umständen gänzlich beherrschen können.

Bei niederen Manifestationen dieser Kräfte finden wir oft, dass sie unbewusst ausgeübt werden. Mancher Kristallblicker beobachtet Szenen aus der Vergangenheit, ohne sie von Visionen der Gegenwart unterscheiden zu können; und manche leicht psychisch veranlagte Person sieht fortwährend Bilder vor ihren Augen aufsteigen, ohne selbst zu wissen, dass sie die verschiedenen Gegenstände ihrer Umgebung tatsächlich psychometrisiert, wenn sie zufällig mit ihnen in Berührung kommt oder ihnen nahe ist.

Eine interessante Art dieser Klasse von Psychikern ist derjenige Mensch, der nur Personen psychometrisieren kann und nicht leblose Gegenstände, wie es sonst meist der Fall ist. Meistens zeigt sich diese Fähigkeit unregelmäßig, so dass ein solcher Psychiker, wenn er einem Fremden vorgestellt wird, oft in einem Augenblick irgendein bedeutendes Ereignis in dessen früheren Inkarnationen sieht, aber bei anderen ähnlichen Ereignissen keinen besonderen Eindruck empfangen wird. Seltener begegnen wir jemandem, der detaillierte Bilder aus dem Leben jedes Menschen liest, dem er begegnet. Vielleicht war eines der besten Beispiele dieser Klasse der schweizerische Schriftsteller Heinrich Zschokke, der in seiner Autobiografie diese außergewöhnliche Fähigkeit, die er besaß, folgendermaßen beschreibt:

»Ich erlebte es gelegentlich bei meiner ersten Begegnung mit einem gänzlich Fremden, dass, während ich seinem Gespräch schweigend zuhörte, sein vergangenes Leben bis zu diesem Augenblick mit mancherlei unbedeutenden Umständen, die zu einer oder der anderen Szene desselben gehören, mir wie ein Traum vor Augen trat, jedoch deutlich, gänzlich unwillkürlich und ungewollt und nur wenige Minuten andauernd.

Lange Zeit hindurch war ich geneigt, diese vorbeischwebenden Visionen als einen Streich der Fantasie zu betrachten – um so mehr, als meine Traumvision die Kleidung und die Bewegungen der handelnden Personen, den Anblick des Zimmers, die Möbel und andere Zufälligkeiten der Szene vor mir entfalteten; bis ich einmal in einer scherzhaften Laune meiner Familie die geheime Geschichte einer Näherin erzählte, die eben das Zimmer verlassen hatte. Ich hatte sie nie zuvor gesehen. Die Zuhörer waren jedoch erstaunt und lachten und wollten nicht glauben, dass ich nichts von dem früheren Leben dieser Person gewusst hatte, da alles, was ich über sie gesagt hatte, vollkommen der Wahrheit entsprach.

Ich war nicht weniger erstaunt, dass meine Traumvision mit der Wirklichkeit übereinstimmte. Ich achtete seitdem mehr darauf, und sooft es die Schicklichkeit erlaubte, erzählte ich den Leuten, deren Leben so an mir vorübergezogen war, den Inhalt meiner Traumvision, um von ihnen entweder Widerspruch oder Bestätigung zu erhalten. Doch stets wurde mir meine Erzählung bestätigt, nicht ohne Erstaunen vonseiten derer, die sie angaben.

Einmal ging ich an einem Jahrmarktstag, von zwei jungen, noch jetzt lebenden Förstern begleitet, nach der Stadt Waldshut. Als wir des Abends von unserer Wanderung müde waren, gingen wir in ein Wirtshaus, genannt ›Die Rebe‹. Wir nahmen mit einer zahlreichen Gesellschaft am gemeinsamen Tisch unser Abendbrot ein, als einige von ihnen anfingen, sich über die Eigentümlichkeiten und die Einfalt der Schweizer lustig zu machen, da diese an Mesmerismus, Lavaters physiognomisches System und dergleichen glaubten. Einer meiner Gefährten, der sich durch diese Spöttereien in seinem Nationalstolz beleidigt fühlte, bat mich, ihnen darauf zu antworten, besonders einem jungen Mann von überlegenem Aussehen, der mir gegenüber saß und einer zügellosen Spottsucht gefrönt hatte.

Nun geschah es, dass die Lebensereignisse dieses Menschen gerade kurz vorher vor meinem Blick gestanden hatten. Ich wandte mich ihm zu mit der Frage, ob er mir offen und wahr antworten wolle, wenn ich ihm die geheimsten Stellen seiner Lebensgeschichte erzählen würde, obwohl er mir so wenig bekannt war wie ich ihm? »Das würde sogar noch etwas weiter gehen als Lavaters Physiognomik«, meinte ich. Er versprach, dass, wenn ich ihm die Wahrheit sagte, er das offen zugeben wolle. Ich erzählte ihm daraufhin die Begebenheiten, mit denen ich durch meine Vision bekannt geworden war, und die Tischgesellschaft erfuhr die Lebensgeschichte des jungen Handwerkers, seine Schulzeit, seine kleinen Sünden und schließlich auch von einem Schurkenstreich, den er an der Kasse seines Dienstherrn verübt hatte. Ich beschrieb den ungewohnten Raum mit den weißen Wänden, in dem rechts von der braunen Tür die kleine schwarze Kassette auf dem Tisch gestanden hatte. Der Mann gab sehr betroffen die Richtigkeit jedes Umstandes zu – selbst das letztere, was ich nicht einmal erwartet hatte.«

Nachdem der würdige Zschokke diese Episode erzählt hat, fährt er ganz ruhig mit der Überlegung fort, ob nicht vielleicht trotz alledem diese wunderbare, so oft von ihm bewiesene Kraft tatsächlich doch immer nur das Resultat bloßen zufälligen Zusammentreffens gewesen sein mag.

Man findet in der Literatur verhältnismäßig wenige Berichte von Personen, die die Gabe des Schauens in die Vergangenheit haben. Man könnte daraus schließen, dass diese Fähigkeit weit seltener ist als das Schauen in die Zukunft. Ich glaube jedoch, dass der Grund hierfür darin liegt, dass die erstere Gabe nicht so allgemein erkannt wird. Wie ich bereits sagte, kann es sehr leicht geschehen, dass jemand ein Bild der Vergangenheit sieht, ohne es als solches zu erkennen, wenn nicht etwas darin ist, das besondere Aufmerksamkeit erregt, wie etwa eine Gestalt in einer Rüstung oder in altertümlichen Gewändern. Ein Vorausblicken wird vielleicht auch bisweilen nicht gleich als solches erkannt. Erst das Eintreten des vorausgesehenen Ereignisses ruft es wieder lebhaft ins Gedächtnis zurück, so dass es nicht mehr übersehen werden kann. Es ist daher wahrscheinlich, dass gelegentliche Einblicke in diese Spiegelungen der Akasha-Aufzeichnungen viel häufiger vorkommen, als man nach den veröffentlichten Berichten glauben würde.

VIII. HELLSEHEN IN DER ZEIT: DIE ZUKUNFT

Selbst wenn wir uns dunkel imstande fühlen, die Vorstellung zu begreifen, dass die ganze Vergangenheit gleichzeitig und lebendig in einem genügend erhabenen Bewusstsein gegenwärtig sein kann, so fällt es uns weit schwerer, wenn wir zu verstehen trachten, wie auch die ganze Zukunft in diesem Bewusstsein eingeschlossen sein kann. Wenn wir an die islamische Lehre des Kismet oder an die calvinistische Prädestinationstheorie glauben könnten, dann würde die Auffassung leicht genug sein, aber da wir wissen, dass diese beiden Lehren groteske Entstellungen der Wahrheit sind, so müssen wir uns nach einer annehmbareren Hypothese umsehen.

Es mag vielleicht noch Leute geben, welche die Möglichkeit des Voraussehens leugnen, doch ihr Leugnen beweist nur ihre Unkenntnis der Beweise für diese Tatsache. Die große Anzahl authentischer Berichte lässt nicht daran zweifeln, aber bei vielen ist eine vernünftige Erklärung nicht leicht zu finden. Es ist klar, dass das Ego eine gewisse Fähigkeit des Voraussehens besitzt, und wenn die vorhergesehenen Ereignisse immer von großer Wichtigkeit wären, so könnte man annehmen, ein sehr starker Antrieb habe es nur für diese eine Gelegenheit befähigt, einen deutlichen Eindruck des Gesehenen auf seine niedere Persönlichkeit zu machen. Ohne Zweifel ist das die Erklärung für viele Fälle, bei denen der Tod oder ein großes Unglück vorausgesehen werden, doch bei einer großen Anzahl bekannter Beispiele scheint diese Erklärung nicht zu passen, da die vorausgesagten Ereignisse häufig äußerst trivial und unwichtig sind.

Eine wohlbekannte Geschichte vom »Zweiten Gesicht« in Schottland wird verdeutlichen, was ich meine. Einem Mann, der nicht an okkulte Dinge glaubte, wurde von einem Hellseher des Hochlands der nahe Tod eines Nachbarn angekündigt. Die Prophezeiung wurde mit vielen Einzelheiten versehen, das Begräbnis genau beschrieben und die Namen der vier Leichenträger und anderer Anwesender genannt. Der Betreffende soll über die ganze Geschichte gelacht und sie bald darauf vergessen haben, doch der zur angesagten Zeit eintreffende Tod des Nachbarn rief ihm die Voraussage ins Gedächtnis zurück, und er fasste den Entschluss, auf alle Fälle einen Teil der Prophezeiung zunichte zu machen und selbst einer der Leichenträger zu sein. Es gelang ihm, alles nach Wunsch einzurichten, aber gerade, als sich der Leichenzug in Bewegung setzen sollte, wurde er wegen einer unbedeutenden Angelegenheit von seinem Posten weggerufen, was ihn für eine oder zwei Minuten aufhielt. Als er in aller Eile zurückkam, sah er zu seinem Erstaunen, wie die Prozession sich ohne ihn in Bewegung gesetzt hatte und die Prophezeiung genau in Erfüllung gegangen war, denn die vier Leichenträger waren die in der Vision geschauten Leute.

Nun ist hier eine sehr geringfügige Sache, die für niemanden von Bedeutung gewesen wäre, monatelang vorhergesagt worden; und obwohl jemand eine bestimmte Anstrengung unternimmt, den prophezeiten Vorgang zu ändern, misslingt es ihm. Dies sieht sicherlich wie eine Vorherbestimmung bis in die kleinste Einzelheit aus; aber wenn wir diese Frage von höheren Ebenen aus untersuchen, sind wir imstande, diese Theorie zu widerlegen. Natürlich kann jetzt, wie ich bereits in anderem Zusammenhang sagte, eine endgültige Erklärung noch nicht gefunden werden. Sie wird es auch nicht, bis unsere Erkenntnis eine weit umfassendere ist als jetzt. Vorläufig können wir nur hoffen, den Weg zu weisen, auf dem diese Erklärung gefunden werden kann.

Es besteht kein Zweifel darüber, dass das, was jetzt geschieht, die Wirkung von Ursachen ist, die in der Vergangenheit gelegt worden sind. Daher wird das, was in der Zukunft geschehen wird, das Resultat von schon jetzt wirkenden Ursachen sein. Selbst auf dem physischen Plan können wir berechnen, dass, wenn gewisse Handlungen ausgeführt werden, gewisse Wirkungen darauf folgen müssen, doch kann unsere Rechnung leicht gestört werden durch das Dazwischentreten von Faktoren, die wir nicht mit in Betracht ziehen konnten. Erheben wir jedoch unser Bewusstsein auf den Mentalplan, dann können wir die Wirkungen unserer Handlungen viel weiter übersehen.

Wir können beispielsweise die Wirkung eines zufälligen Satzes verfolgen, nicht nur auf die Person, an die er gerichtet war, sondern durch sie auf viele andere, und wie er in immer weiteren Kreisen fortwirkt, bis er das ganze Land beeinflusst zu haben scheint. Ein einziger Blick auf eine solche Vision ist wirksamer als eine ganze Anzahl moralischer Lehren, um uns zur äußersten Vorsicht in Gedanken, Worten und Taten zu veranlassen. Wir sehen von dieser Ebene aus nicht nur vollkommen die Wirkung jeder Handlung, sondern erkennen auch, wo und in welcher Weise die Wirkungen anderer, scheinbar in keinerlei Beziehung zu ihr stehender Handlungen auf sie Einfluss nehmen und sie verändern. Man kann tatsächlich sagen, dass die Wirkungen aller jetzt bestehenden Ursachen deutlich sichtbar sind. Die Zukunft, wie sie sein würde, wenn nicht ganz neue Ursachen entstehen, liegt offen vor unserem Blick.

Neue Ursachen tauchen natürlich ebenfalls auf, da der Mensch über einen freien Willen verfügt. Doch bei nahezu allen Durchschnittsmenschen kann man den Gebrauch, den sie von ihrer Willensfreiheit machen werden, mit ziemlicher Sicherheit vorausberechnen. Der Durchschnittsmensch hat so wenig wirklichen Willen, dass er eigentlich ganz das Geschöpf seiner Verhältnisse ist. Sein Verhalten in früheren Inkarnationen führt ihn in eine bestimmte Umgebung, deren Einfluss auf ihn der bei weitem wichtigste Faktor in seiner Lebensgeschichte ist. Daher kann sein zukünftiger Lebenslauf mit fast mathematischer Sicherheit vorhergesagt werden. Bei einem bereits entwickelten Menschen liegt der Fall anders. Die Hauptereignisse seines Lebens sind auch für ihn durch seine vergangenen Taten bestimmt, aber die Art und Weise, in der er ihnen erlauben wird, auf ihn einzuwirken, wie er sich dazu verhält und ob er vielleicht über sie triumphieren wird – das alles liegt allein an ihm und kann selbst auf dem Mentalplan nur als Wahrscheinlichkeit vorhergesehen werden.

Betrachtet man in dieser Weise *von oben herab* das Leben eines Menschen, so scheint es, als ob er seinen freien Willen nur in gewissen Krisen seiner Lebensbahn uneingeschränkt walten lassen kann. Er erreicht einen Abschnitt in seinem Leben, wo deutlich zwei oder drei verschiedene Wege offen vor ihm liegen. Er ist absolut frei, denjenigen zu wählen, den er will! Obgleich jemand, der seinen Charakter gründlich kennt, fast sicher weiß, wie er wählen wird, so ist doch ein solches Wissen seines Freundes keine zwingende Macht.

Hat er jedoch gewählt, so muss er weitergehen und die Folgen auf sich nehmen. Wenn er einen bestimmten Weg eingeschlagen hat, so wird er wahrscheinlich in vielen Fällen gezwungen sein, ihn eine sehr lange Zeit hindurch zu verfolgen, bevor er die Gelegenheit hat, einen anderen zu wählen. Seine Lage ist etwa die eines Zugführers: Wenn dieser zu einem Kreuzungspunkt kommt, dann kann er die Weichen entweder so oder so stellen und nach Belieben auf der einen oder anderen Linie weiterfahren. Hat er jedoch eine Richtung eingeschlagen, dann ist er gezwungen, sie beizubehalten, bis er einen neuen Knotenpunkt erreicht, auf dem er eine neue Gelegenheit zu wählen hat.

Wenn man vom Mentalplan herabblickt, so sind diese Knotenpunkte deutlich sichtbar. Alle Wirkungen jeder einzelnen Wahl liegen offen vor uns, und wir können sicher sein, dass sie bis in die kleinste Einzelheit eintreten werden. Der einzige Punkt, der unbestimmt bleiben muss, wird der wichtigste von allen sein, nämlich der, welche Wahl der Mensch treffen wird. Wir würden tatsächlich nicht eines, sondern mehrere Zukunftsbilder vor unseren Augen entrollt sehen, ohne dass wir vielleicht imstande sein würden zu entscheiden, welches von ihnen sich verwirklichen wird. Meistens werden wir eine so eindeutige Wahrscheinlichkeit sehen, dass wir nicht zögern müssen, uns zu entscheiden. Doch der Fall, den ich beschrieben habe, ist gewiss in Ausnahmen möglich. Jedoch wird uns selbst dieses Wissen befähigen, mit Sicherheit ziemlich viel vorauszusagen. Daher ist es nicht schwer sich vorzustellen, dass eine weit höhere Kraft als die unsrige immer voraussehen kann, welcher Weg gewählt wird, und ihn folglich mit absoluter Sicherheit prophezeien kann.

Auf dem buddhischen Plan ist jedoch ein solcher mühsamer Prozess nicht nötig, denn, wie ich bereits gesagt habe, die Vergangenheit, die Gegenwart und die Zukunft sind in einer für uns ganz unerklärlichen Weise dort gleichzeitig existierend. Man kann diese Tatsache nur hinnehmen, denn der Grund dafür liegt in der Beschaffenheit dieser Ebene, und die Art, in der diese höhere Kraft wirkt, ist natürlich für das physische Gehirn völlig unbegreiflich. Dennoch kann man ab und zu eine Andeutung finden, die uns einer, wenn auch schwachen Möglichkeit des Begreifens etwas näherbringt. Eine solche Andeutung gab Oliver Lodge in einem Vortrag in Cardiff. Er sagte:

»Eine einleuchtende und hilfreiche Vorstellung ist die, dass die Zeit nur eine relative Art und Weise ist, die Dinge anzusehen. Wir gehen in einem bestimmten Schritt durch die Erscheinungen hindurch, und dieses subjektive Fortschreiten deuten wir auf objektive Art, als ob die Ereignisse sich in dieser Reihenfolge und in diesem bestimmten Rhythmus bewegen müssten. Aber das mag nur eine Art sein, sie zu betrachten. Die Ereignisse existieren vielleicht in gewissem Sinne immer, sowohl die vergangenen als auch die kommenden, und es mag sein, dass wir es sind, die zu ihnen gelangen, und nicht sie, die sich ereignen. Der Vergleich mit einem Reisenden in einem Eisenbahnzug ist hier nützlich. Wenn der Reisende den Zug nie verlassen noch seine Geschwindigkeit ändern könnte, dann würde er die Landschaften wahrscheinlich als notwendigerweise aufeinanderfolgend betrachten und nicht imstande sein, ihre gleichzeitige Existenz zu begreifen … Wir erkennen daher eine mögliche vierte Dimension der Zeit, deren unerbittliches Weiterfließen eine natürliche Folge unserer jetzigen Beschränkung sein kann. Können wir einmal die Vorstellung erfassen, dass Vergangenheit und Zukunft wirklich existieren, dann können wir zugeben, dass sie möglicherweise einen beherrschenden Einfluss auf alle gegenwärtigen Handlungen ausüben und gemeinsam den höheren »Plan« oder die Totalität der Dinge bilden, nach welcher wir, wie es mir scheint, im Zusammenhang mit der Bestimmtheit des Verhaltens lebender Wesen, die bewusst zu einem bestimmten vorbedachten Ziel geführt werden, zu suchen gezwungen sind.«

Die Zeit ist in Wirklichkeit durchaus nicht die vierte Dimension; aber wenn wir sie für den Augenblick von diesem Standpunkt aus betrachten, dann kann es uns etwas helfen, das Unfassbare zu begreifen. Nehmen wir an, dass wir einen hölzernen Kegel im rechten Winkel zu einem Blatt Papier halten und ihn langsam mit der Spitze zuerst hindurchstoßen. Eine Mikrobe, die auf der Oberfläche dieses Papiers lebt und nicht über die Fähigkeit verfügt, etwas außerhalb dieser Oberfläche wahrzunehmen, würde nicht nur niemals den Kegel als Ganzes sehen können, sondern sie könnte sich überhaupt keinen Begriff von einem solchen Körper machen. Alles, was sie sehen könnte, würde die plötzliche Erscheinung eines winzigen Kreises sein, der allmählich und auf geheimnisvolle Weise größer würde, bis er schließlich aus ihrer Welt so plötzlich und unbegreiflich verschwindet, wie er hineingekommen ist.

Was also in Wirklichkeit eine Reihe von Querschnitten des Kegels war, würde ihr als aufeinanderfolgende Stufen in dem Leben eines Kreises erscheinen, und es würde ihr unmöglich sein, die Idee zu begreifen, dass diese aufeinanderfolgenden Stufen gleichzeitig gesehen werden können. Doch ist es für uns natürlich leicht, die wir von einer anderen Dimension darauf herabblicken, zu sehen, dass die Mikrobe einfach in einem Irrtum befangen ist, der aus ihrer eigenen Beschränkung der Anschauungsweise entsteht, denn der Kegel existiert die ganze Zeit über als Ganzer. Unsere eigene Täuschung hinsichtlich der Vergangenheit, der Gegenwart und Zukunft ist vielleicht dieser Tatsache nicht unähnlich, und die Anschauung, die man von irgendeiner Folge von Ereignissen vom buddhischen Plan aus gewinnt, entspricht der Anschauung des Kegels als Ganzem. Natürlich bringt uns jeder Versuch, diese Annahme weiter auszuführen, in eine Reihe erstaunlicher Paradoxe hinein; aber die Tatsache bleibt eine Tatsache. Es kommt aber die Zeit, wo es unserer Fassungskraft vollständig klar sein wird.

Wenn das Bewusstsein des Schülers auf dem buddhischen Plan voll erweckt ist, dann ist ihm daher vollkommene Voraussicht möglich, obgleich er bestimmt noch nicht fähig sein wird, das ganze Resultat seines Schauens vollständig und in der richtigen Reihenfolge in dieses Leben herabzubringen. Dennoch liegt ein großes Maß an klarem Vorausschauen augenscheinlich in seiner Macht, wann immer er es ausüben will. Selbst wenn er es nicht ausübt, kommen häufige Blitzstrahlen eines Vorherwissens in sein gewöhnliches Leben hinein, so dass er oft eine augenblickliche Intuition hat und weiß, wie die Dinge sich zutragen werden, selbst ehe sie noch begonnen haben.

Außer diesem vollkommenen Vorausschauen finden wir, dass ebenso wie bei den anderen Arten auch alle Grade dieser Art des Hellsehens existieren, von der gelegentlichen, unbestimmten Warnung, der man eigentlich im wahren Sinne gar nicht den Namen Hellsehen geben kann, bis zu dem häufiger auftretenden und ziemlich vollkommenen »Zweiten Gesicht«. Die Gabe, die man mit diesem etwas irreführenden Namen bezeichnet hat, ist außerordentlich interessant und würde wohl ein sorgfältigeres und systematischeres Studium wert sein, als man bisher jemals darauf zu verwenden für wert hielt.

Das »Zweite Gesicht« ist uns am besten bekannt als eine ziemlich häufige Erscheinung bei den Bewohnern der Schottischen Highlands, obgleich es durchaus nicht nur bei ihnen allein zu finden ist. Einzelne Fälle kommen fast in jeder Nation vor, doch tritt diese Gabe besonders häufig bei Bergbewohnern auf und bei Menschen, die ein einsames Leben führen. In England spricht man oft davon, als wenn es eine ausschließliche Eigenschaft der keltischen Kultur sei, doch in Wirklichkeit findet sich diese Fähigkeit bei allen Völkern, die unter ähnlichen Bedingungen leben. Man sagt auch, dass das »Zweite Gesicht« vielfach bei westfälischen Bauern vorkommt.

Bisweilen besteht das »Zweite Gesicht« aus einem Bild, das irgendein zukünftiges Ereignis deutlich im Voraus ankündigt. Doch noch häufiger wird der Blick in die Zukunft vielleicht durch irgendeine symbolische Erscheinung gegeben. Es ist bemerkenswert, dass die vorausgesehenen Begebenheiten stets unangenehmer Art sind – der Tod wird am häufigsten angekündigt. Ich kenne nicht ein einziges Beispiel, in dem das »Zweite Gesicht« etwas gezeigt hätte, das nicht einen sehr düsteren Charakter besessen hat. Es weist geisterhafte Symbole auf, die ihm eigentümlich sind – eine symbolische Sprache, die sich in Leichentüchern, Sargkerzen und anderen schauerlichen Begräbnisgegenständen ausdrückt. Bisweilen scheint es bis zu einem gewissen Grad von dem Ort abhängig zu sein, denn es ist bekannt, dass die Bewohner der Insel Skye, die diese Gabe besitzen, sie oft verlieren, wenn sie die Insel verlassen, auch wenn dies nur geschieht, um auf das Festland hinüberzufahren. Die Gabe solchen Schauens ist bisweilen durch Generationen hindurch in einer Familie erblich, doch ist das nicht eine Regel, die keine Ausnahme hätte, denn sie tritt oft vereinzelt bei einem Familienmitglied auf, während der Rest der Familie ganz frei von ihrem verhängnisvollen Einfluss bleibt.

Ein Beispiel, in dem eine deutliche Vision eines zukünftigen Ereignisses einige Monate vorher durch das »Zweite Gesicht« gesehen wurde, ist bereits angeführt worden. Hier folgt ein anderes, das vielleicht noch beeindruckender ist, und ich führe es genau so an, wie es mir von einer der dabei beteiligten Personen erzählt wurde:

»Wir begaben uns in das Dickicht und waren etwa eine Stunde ohne großen Erfolg weitergegangen, als Cameron, der neben mir ging, plötzlich anhielt, bleich wie der Tod wurde, und indem er gerade vor sich hinzeigte, in Worten des Schreckens ausrief:

»Seht, seht, um Himmels willen, seht nur dort!«

»Wo? Was? Was ist es?«, riefen wir alle verwirrt, als wir zu ihm liefen und uns umschauten in der Erwartung, einen Tiger, eine Cobra oder was auch immer zu sehen, aber sicher etwas Furchtbares, da es genügt hatte, unseren sonst so selbstbeherrschten Kameraden in eine solche Aufregung zu versetzen. Doch weder ein Tiger, noch eine Cobra waren sichtbar – nichts als Cameron, der mit einem geisterhaften, verstörten Gesicht und erschrockenen Augen auf etwas zeigte, das wir nicht sehen konnten.

»Cameron! Cameron!«, rief ich, indem ich seinen Arm ergriff, »um Himmels willen, sprich! Was ist los?«

Kaum hatte ich diese Worte gesagt, als ich einen leisen, aber ganz eigenartigen Ton hörte, und Cameron, der seine aufgehobene Hand fallen ließ, sagte mit heiserer, erstickter Stimme: »Da, habt Ihr es gehört? Gott sei Dank, es ist vorbei.« Dann fiel er bewusstlos zu Boden.

Es entstand eine augenblickliche Verwirrung, während wir seinen Kragen öffneten und ich ihm etwas Wasser ins Gesicht goss, das ich glücklicherweise in meiner Flasche hatte, und ein anderer versuchte, ihm etwas Branntwein zwischen die zusammengepressten Zähne zu gießen, und währenddessen flüsterte ich dem mir zunächst stehenden Mann (nebenbei gesagt einem unserer größten Skeptiker) zu: »Beauchamp, haben Sie etwas gehört?«

»Nun ja«, erwiderte er, »einen sehr sonderbaren Ton; eine Art Krachen oder Rasseln weit aus der Ferne, jedoch ganz deutlich; wenn es nicht absolut unmöglich wäre, so würde ich schwören, dass es ein Knattern von Gewehrsalven war.«

»Ganz mein Eindruck«, murmelte ich; »doch still, er kommt wieder zu sich.«

In einer oder zwei Minuten war er imstande, schwach zu sprechen und fing an, uns zu danken und sich zu entschuldigen, dass er uns Mühe gemacht habe. Bald stand er auf, lehnte sich an einen Baum und sagte in fester, obgleich schwacher, leiser Stimme:

»Meine lieben Freunde, ich fühle, dass ich euch wegen meines außergewöhnlichen Betragens eine Erklärung schuldig bin. Ich würde sie lieber nicht geben, aber es wird einmal sein müssen, und so kann ich es auch jetzt tun. Es ist euch vielleicht aufgefallen, dass, wenn ihr auch alle während unserer Reise über Träume, üble Vorahnungen und Visionen gespottet habt, ich es stets vermied, darüber meine Meinung abzugeben. Ich tat das, da ich nicht lächerlich erscheinen und keine Diskussion hervorrufen wollte, obwohl ich nicht mit euch übereinstimmen konnte, weil ich aus meiner eigenen furchtbaren Erfahrung nur zu gut wusste, dass jene Welt, welche die Menschen die *übernatürliche* nennen, ebenso wirklich – nein, vielleicht sogar viel wirklicher – ist, als die Welt, die wir um uns sehen. Mit anderen Worten, wie so viele meiner Landsleute bin ich verflucht mit der Gabe des »Zweiten Gesichts« – jener schrecklichen Fähigkeit, die durch Visionen ein bald eintreffendes Unglück voraussagt.

Eine solche Vision hatte ich eben jetzt, und sie war so schauerlich, dass ich in diesen Zustand des Entsetzens kam, den ihr wahrgenommen habt. Ich sah einen Leichnam vor mir, nicht den eines Menschen, der eines friedlichen, natürlichen Todes gestorben, sondern der das Opfer eines entsetzlichen Unfalls geworden war – eine grässliche, gestaltlose Masse, mit geschwollenem, zerquetschtem, unkenntlichem Gesicht. Ich sah, wie diese fürchterliche Gestalt in einen Sarg gelegt und die Trauerzeremonie darüber gehalten wurde. Ich sah den Begräbnisplatz und den Geistlichen; und obgleich ich weder den Ort noch den Geistlichen je zuvor gesehen habe, so kann ich mir doch beide deutlich vorstellen. Ich sah sie, mich selbst, Beauchamp, uns alle und noch viele andere, die als Leidtragende umherstanden. Ich sah die Soldaten ihre Gewehre erheben, nachdem der Trauergottesdienst vorüber war, ich hörte die Salve, die sie abfeuerten – und dann verlor ich das Bewusstsein.«

Als er von dieser Gewehrsalve sprach, sah ich mit einem Schauder zu Beauchamp hinüber, und den Blick des Entsetzens auf dem hübschen Gesicht dieses Skeptikers werde ich nie vergessen.«

Das ist nur eine Episode (und durchaus nicht die wichtigste) in einer sehr merkwürdigen Geschichte psychischer Erfahrung, aber da uns im Moment nur das darin vorkommende Beispiel des »Zweiten Gesichts« interessiert, so brauche ich hier nur zu erzählen, dass die Abteilung junger Soldaten im Laufe des Tages den Leichnam ihres kommandierenden Offiziers in dem schrecklichen, von Herrn Cameron so genau beschriebenen Zustand entdeckte. Der Bericht sagt weiter:

»Als wir am folgenden Abend an unserem Bestimmungsort angekommen waren und unsere traurigen Aussagen von der zuständigen Behörde niedergeschrieben worden waren, machte ich mit Cameron einen stillen Spaziergang, um unter dem besänftigenden Einfluss der Natur die Traurigkeit abzuschütteln, die unseren Geist lähmte. Plötzlich ergriff er meinen Arm und sagte, indem er durch ein Staket zeigte, mit zitternder Stimme: ›Ja, da ist es! Das ist der Kirchhof, den ich gestern sah.‹ Und als wir später dem Kaplan des Postens vorgestellt wurden, bemerkte ich, wenngleich es meine Freunde nicht sahen, den nicht zu unterdrückenden Schauder, mit dem Cameron seine Hand erfasste, und ich wusste, dass er in ihm den Geistlichen seiner Vision erkannt hatte.«

Was den tieferen Sinn in alledem betrifft, so nehme ich an, dass Herrn Camerons Vision ein reines Beispiel vom »Zweiten Gesicht« darstellt. Wenn dem so ist, so bewies die Tatsache, dass die beiden Menschen, die ihm am nächsten standen (einer bestimmt – wahrscheinlich berührten ihn beide tatsächlich) daran insoweit teilhatten, dass sie die abschließende Salve hörten, während die anderen, die ihm nicht so nahe waren, nichts vernahmen. Die Stärke, mit der die Vision den Seher beeinflusste, erzeugte Schwingungen in seinem Gedankenkörper, die auf diejenigen Personen, die mit ihm in Berührung standen, übertragen wurden wie bei gewöhnlicher Gedankenübertragung.

Man könnte eine große Anzahl Beispiele ganz ähnlicher Natur aufzählen. In Bezug auf die symbolische Art dieses Hellsehens sagen gewöhnlich diejenigen, die diese Gabe besitzen, dass, wenn eine lebende Person mit einem gespensterhaften Leichentuch umhüllt gesehen wird, dieses Geschehen ein sicheres Anzeichen ihres Todes ist. Der Tag des herannahenden Todes wird entweder dadurch angezeigt, wie weit der Körper von dem Leichentuch eingehüllt ist, oder durch die Tageszeit, in der die Vision gesehen wird. Wenn sie am frühen Morgen erscheint, dann heißt es, dass der betreffende Mensch im Laufe desselben Tages sterben wird. Wenn die Vision am Abend auftaucht, wird der

Tod erst zu irgendeinem Zeitpunkt innerhalb eines Jahres eintreten.

Eine andere Art (und eine sehr merkwürdige) der symbolischen Form des »Zweiten Gesichts« ist die, in der sich diejenige Person, deren Tod vorausgesagt wird, dem Seher als eine kopflose Erscheinung zeigt. Ein Beispiel dieser Art wird in dem Buch »Signs before Death« gegeben. Es geschah in der Familie eines Dr. Ferner, obgleich in diesem Falle, wenn ich mich recht erinnere, die Vision erst zum Zeitpunkt des Todes oder ganz kurz vorher erschien.

Wenn wir uns von den Hellsehern, die regelmäßig im Besitz einer gewissen Fähigkeit sind, obgleich deren Manifestationen nur gelegentlich ganz von ihnen beherrscht werden, abwenden, so finden wir eine große Anzahl vereinzelter Fälle von Vorausschau bei Personen, bei denen diese Gabe nicht regelmäßig auftritt. Am häufigsten äußert sie sich in Träumen, obgleich auch Beispiele von Visionen im Wachzustand bekannt sind. Bisweilen bezieht sich das Vorausblicken auf ein Ereignis von großer Bedeutung für den Seher und rechtfertigt so die Tätigkeit des Egos, das sich die Mühe gemacht hat, den Eindruck hervorzubringen. In anderen Fällen dagegen scheint die Begebenheit nicht besonders wichtig zu sein oder steht mit dem Menschen, der die Vision hat, in gar keiner Beziehung. Manchmal ist es klar, dass das Ego (oder die sich mitteilende Wesenheit, wer immer sie sein mag) beabsichtigt, das niedere Selbst vor einem herannahenden Unglück zu warnen, entweder um dieses abzuwenden oder, wenn das nicht möglich ist, den Schock durch die Vorbereitung zu verringern.

Das so vorausgeahnte Ereignis ist verständlicherweise am häufigsten der Tod – bisweilen der Tod des Sehers selbst, bisweilen der eines ihm Nahestehenden. Diese Art des Vorausschauens ist in der Literatur über diesen Gegenstand so allgemein vertreten, dass es kaum nötig ist, solche Beispiele anzuführen. Doch ein oder zwei Fälle, in denen der prophetische Blick, obgleich wirklich nützlich, keinen so düsteren Charakter hatte, werden sich als für den Leser nicht uninteressant erweisen. Das Folgende stammt aus jener wertvollen Schatzkammer für alle Erforscher des Unheimlichen, dem Buch von Frau Crowe »Night Side of Nature«.

»Vor einigen Jahren träumte Dr. Watson, der jetzt in Glasgow wohnt, dass er eine Aufforderung erhalten hatte, einen Patienten an einem Ort, der einige Meilen von seinem Wohnort entfernt war, zu besuchen. Er bestieg sein Pferd und ritt los. Als er an einem Sumpf vorbeikam, sah er einen Stier, der wütend auf ihn zukam und dessen Hörnern er nur dadurch entkam, dass er sich an einen Ort flüchtete, der für das Tier unzugänglich war. Dort wartete er lange Zeit, bis schließlich Leute kamen, die seine Lage sahen und ihn befreiten.

Als er am nächsten Morgen beim Frühstück saß, kam diese Aufforderung wirklich. Er lächelte über das seltsame Zusammentreffen (wie er glaubte) und begab sich zu Pferd dahin. Er kannte den Weg gar nicht, den er zu machen hatte, doch allmählich kam er an den Sumpf, den er wiedererkannte, und da erschien auch der Stier, der geradewegs auf ihn zukam. Doch sein Traum hatte ihm den Zufluchtsort gezeigt, auf den er sogleich zueilte, und dort verbrachte er drei oder vier Stunden, von dem Tier belagert, bis Bauern kamen und ihn befreiten. Dr. Watson erklärte, dass er ohne den Traum nicht gewusst hätte, wohin er hätte flüchten können.«

Ein anderer Fall, in dem ein viel längerer Zwischenraum die Warnung von der Erfüllung trennte, wird von Dr. F. G. Lee in dem Buche »Glimpses of the Supernatural« angeführt.

»Hannah Green, die Haushälterin einer Familie auf dem Land in Oxfordshire, träumte in einer Nacht, dass sie an einem Sonntagabend allein im Haus zurückblieb. Sie hörte dann ein Klopfen an der Tür des Haupteinganges, und als sie hinging, fand sie einen verdächtig aussehenden Landstreicher mit einem Knüppel bewaffnet, der durchaus in das Haus hinein wollte. Es schien ihr, als ob sie eine Zeit lang mit ihm gerungen habe, um das zu verhindern, jedoch erfolglos. Sie wurde niedergeschlagen und blieb bewusstlos liegen, worauf er ins Haus ging. Daraufhin erwachte sie.

Da sich eine geraume Zeit hindurch nichts ereignete, vergaß sie den Traum bald, und er war, wie sie selbst sagt, vollständig aus ihrem Gedächtnis entschwunden. Sieben Jahre später jedoch wurde dieselbe Haushälterin mit zwei anderen Dienstboten in einem alleinstehenden Haus in Kensington (der späteren Stadtwohnung der Familie) zurückgelassen, um das Haus zu versorgen. Da ereignete es sich an einem Sonntagabend, dass die beiden anderen Dienstboten ausgingen und sie allein das Haus hütete. Plötzlich wurde sie durch ein lautes Klopfen an der vorderen Haustür aufgeschreckt.

Nun kam ihr die Erinnerung an ihren früheren Traum plötzlich mit besonderer Lebendigkeit und bemerkenswerter Stärke zurück, und sie empfand mit Schrecken ihre Einsamkeit. Daher war sie, nachdem sie zunächst eine auf dem Tisch in der Halle stehende Lampe angezündet hatte – während welcher Zeit das laute Klopfen mit Nachdruck wiederholt wurde –, so vorsichtig, erst auf einen Treppenabsatz zu gehen und dort das Fenster zu öffnen. Da erblickte sie, aufs höchste erschrocken, genau denselben Mann, den sie Jahre zuvor im Traum gesehen hatte, mit dem Knüppel bewaffnet Einlass begehrend.

Mit großer Geistesgegenwart ging sie hinunter zum Haupteingang, verschloss diesen sowie die anderen Türen und Fenster fester, läutete dann die verschiedenen Klingeln des Hauses sehr heftig und erleuchtete die oberen Räume, wodurch schließlich der Einbrecher vertrieben wurde.«

Es ist klar, dass der Traum auch in diesem Fall von praktischem Nutzen war, da die liebeswürdige Haushälterin ohne ihn zweifellos aus reiner Gewohnheit die Tür in der gewöhnlichen Weise geöffnet haben würde, nachdem das Klopfen ertönte.

Doch nicht nur im Traum prägt das Ego seinem niederen Selbst das ein, was ihm seiner Meinung nach nötig zu wissen ist. Viele Beispiele, die das zeigen, könnte man aus Büchern entnehmen; aber anstatt Fälle daraus anzuführen, will ich ein Beispiel geben, das mir erst vor einigen Wochen eine mir bekannte Dame erzählte. Es ist eine Geschichte, die wenigstens den Vorteil hat, neu zu sein, wenngleich kein romantischer Vorfall darin erzählt wird.

Meine Freundin hat zwei ganz kleine Kinder. Vor kurzer Zeit erkältete sich das ältere von ihnen (wie man glaubte) sehr stark und litt mehrere Tage an einer vollständigen Verstopfung des oberen Teiles der Nase. Die Mutter glaubte, es würde bald vorübergehen, und nahm es nicht sehr ernst, bis sie eines Tages plötzlich vor sich in der Luft etwas sah, was ihr wie das Bild eines Zimmers erschien, mit einem Tisch in der Mitte, auf dem ihr Kind bewusstlos oder tot lag, und einige Leute, die sich darüber beugten. Die kleinsten Einzelheiten der Szene standen ihr deutlich vor Augen, und es fiel ihr besonders auf, dass das Kind ein weißes Nachtgewand trug, während sie wusste, dass ihre kleine Tochter nur rosafarbene Nachthemden besaß.

Diese Vision machte einen starken Eindruck auf sie, und es kam ihr zum ersten Mal der Gedanke, dass das Kind doch vielleicht an etwas Ernsterem litt als an einer Erkältung. Sie fuhr daher mit ihm in ein Krankenhaus, um es untersuchen zu lassen. Der Arzt, der das Kind untersuchte, entdeckte ein gefährliches Gewächs in der Nase und sagte, dass es entfernt werden müsse. Einige Tage darauf wurde das Kind in das Krankenhaus gebracht, um dort operiert zu werden. Als die Mutter im Krankenhaus ankam, fand sie, dass sie vergessen hatte, ein Nachthemd für das Kind mitzubringen. Daher mussten ihr die Schwestern ein solches verschaffen – und dieses war weiß. Am nächsten Tage wurde die Operation an dem Mädchen in diesem weißen Nachthemd vollzogen – und zwar in demselben Raum, den die

Mutter in ihrer Vision gesehen hatte. Und so erfüllte sich alles genau.

In allen diesen Fällen erreichte die Vorausschau ihren Zweck. Doch die Bücher sind voll von Geschichten, in denen die Warnungen vernachlässigt oder bespöttelt wurden, und von dem Unheil, das daraus folgte. Manchmal wird die Nachricht jemandem gegeben, der tatsächlich nicht in der Lage ist, in der Sache etwas zu tun, wie in dem historischen Beispiel, als John Williams, ein Bergwerkdirektor in Cornwall, bis in die kleinste Einzelheit acht oder neun Tage, ehe es geschah, die Ermordung des damaligen Schatzkanzlers Spencer Perceval in der Vorhalle des Abgeordnetenhauses voraussah. Selbst in diesem Fall jedoch ist es immerhin möglich, dass etwas hätte getan werden können, denn es heißt, dass John Williams einen so starken Eindruck von seinem Traum hatte, dass er seine Freunde fragte, ob er nicht nach London reisen solle, um Kanzler Perceval zu warnen. Unglücklicherweise rieten sie ihm davon ab – und das Attentat wurde verübt. Es scheint nicht sehr wahrscheinlich, dass, selbst wenn Williams nach London gegangen wäre, um seine Geschichte zu erzählen, man ihm viel Aufmerksamkeit geschenkt hätte. Dennoch ist es möglich, dass einige Vorsichtsmaßregeln getroffen worden wären, die den Mord hätten verhindern können.

Es lässt sich wenig darüber sagen, welche besondere Tätigkeit auf den höheren Plänen zu dieser seltsamen prophetischen Vision führte. Die beiden Menschen waren einander gänzlich unbekannt, so dass der Grund dafür nicht in einer starken Sympathie gefunden werden kann. Wenn es ein Versuch war, den irgendein Helfer machte, um das drohende Schicksal abzuwenden, so scheint es sonderbar, dass keine beeindruckbare Person gefunden werden konnte, die näher bei London wohnte. Vielleicht sah John Williams während des Schlafes auf dem Astralplan in irgendeiner Weise dieses Reflexbild der Zukunft, und da er dadurch natürlich sehr in Schrecken versetzt wurde, beeindruckte er seinen niederen Verstand damit, in der Hoffnung, dass etwas getan werden könne, um das Unglück zu verhindern. Doch ist es unmöglich, den Fall mit Sicherheit zu erklären, ohne die Akasha-Chronik zu prüfen, um zu sehen, was tatsächlich vor sich ging.

Ein typisches Beispiel absolut bedeutungsloser Voraussicht erzählt W. T. Stead in seinem Buch »Real Ghost Stories« von seiner Freundin Frl. Freer, gewöhnlich Frl. X. genannt. Diese Dame sah einmal, als sie sich in einem Landhaus aufhielt, im Wachzustand und bei vollem Bewusstsein einen leichten Jagdwagen, mit zwei Schimmeln bespannt, vor der Haustür stehen. Zwei Freunde saßen darin, von denen einer aus dem Wagen stieg und mit einem Foxterrier spielte. Sie bemerkte, dass er einen Mantel trug und beobachtete auch besonders die frischen Wagenspuren, die von dem Jagdwagen auf dem Kies herrührten. Dennoch stand zu der Zeit kein Wagen da; aber eine halbe Stunde später kamen wirklich zwei Fremde in einem solchen Fuhrwerk angefahren, und jede Einzelheit der Vision dieser Dame erfüllte sich ganz genau. Stead führt dann ein anderes Beispiel einer gleich bedeutungslosen Vorherschau an, in dem sieben Jahre den Traum (denn in diesem Fall war es ein Traum) von seiner Erfüllung trennten.

Alle diese Beispiele (und es sind nur zufällig ausgewählte aus vielen Hunderten) zeigen, dass dem Ego eine gewisse Art der Voraussicht zweifellos möglich ist, und solche Fälle würden viel häufiger vorkommen, wenn die niederen Körper der Mehrzahl der sogenannten zivilisierten Menschheit nicht so außerordentlich dicht und wenig empfänglich wären – Eigenschaften, die hauptsächlich dem groben Materialismus unserer Zeit zuzuschreiben sind. Ich denke hier nicht an ein Bekenntnis des materialistischen Glaubens im Allgemeinen, sondern an die Tatsache, dass fast jeder in allen praktischen Geschäften des täglichen Lebens einzig und allein durch Beweggründe weltlichen Interesses in der einen oder der anderen Form geleitet wird.

In vielen Fällen mag das Ego selbst unentwickelt sein, und daher ist seine Voraussicht sehr unbestimmt; in anderen wiederum sieht es vielleicht selbst klar, findet aber seine niederen Körper so unempfänglich, dass es ihm nur gelingt, seinem physischen Gehirn eine unbestimmte Ahnung von einem kommenden Unglück einzuprägen. Ferner gibt es Fälle, in denen eine Warnung überhaupt nicht vom Ego herrührt, sondern von einer äußeren Wesenheit, die aus irgendeinem Grund ein freundschaftliches Interesse an der Person zeigt, die diese Vision hat. In dem Werk, das ich vorhin anführte, spricht W. T. Stead von der Sicherheit, die er mehrere Monate vorher fühlte, dass ihm die Leitung der »Pall Mall Gazette« angetragen würde, obgleich damals wenig Aussicht dafür bestand. Ob dieses Vorausschauen die Wirkung eines Eindruckes von seinem eigenen Ego war oder die eines freundschaftlichen Winkes von irgendjemand anderem, ist unmöglich ohne genaue Nachforschungen zu sagen, aber sein Vertrauen war ganz berechtigt.

Es gibt noch eine weitere Art des Hellsehens in der Zeit, die man nicht unerwähnt lassen sollte. Sie ist verhältnismäßig selten, doch kennt man genügend Beispiele, die unsere Aufmerksamkeit beanspruchen können, obgleich die angegebenen Umstände gewöhnlich leider nicht alle diejenigen einschließen, die nötig sind, um sie mit Sicherheit zu bestimmen. Ich denke hier an die Berichte, in denen geisterhafte Armeen oder gespensterhafte Tierherden gesehen worden sind. In dem Buch »The Night Side of Nature« haben wir Berichte von mehreren solchen Visionen. Es wird darin erzählt, wie in Havarah Park, in der Nähe von Ripley, eine Abteilung Soldaten in weißen Uniformen, die aus mehreren Hundert bestand, von glaubhaften Leuten gesehen wurde, wobei sie mehrere Manöver durchführten und dann verschwanden. Einige Jahre vorher wurde in der Nähe von Inverness eine ähnliche geisterhafte Truppe von einem achtbaren Farmer und seinem Sohn gesehen.

Auch in diesem Fall war die Zahl der Truppen sehr groß und die Zuschauer zweifelten anfangs nicht im Geringsten, dass es wirkliche Gestalten von Fleisch und Blut waren. Sie zählten wenigstens sechzehn Reihen Kolonnen und hatten Zeit genug, um jede besonders zu beobachten. Die vorderen Reihen marschierten zu siebt nebeneinander, und sie waren von vielen Frauen und Kindern begleitet, die zinnerne Kannen und andere Kochgeräte trugen. Die Männer waren rot gekleidet, und ihre Waffen glänzten im Sonnenschein. In ihrer Mitte befand sich ein Tier, ein Hirsch oder ein Pferd, was sie nicht genau unterscheiden konnten, da sie dieses mit ihren Bajonetten wütend vorwärts trieben.

Der jüngere der beiden Männer bemerkte zu dem älteren, dass die hinteren Reihen immer von Zeit zu Zeit gezwungen waren zu laufen, um die Vorhut einzuholen. Der ältere, der selbst Soldat gewesen war, sagte ihm, dass das immer der Fall sei, und empfahl ihm, dass er, wenn er jemals dienen würde, versuchen sollte, wenn möglich in den Vorderreihen zu marschieren. Es war nur ein Offizier zu Pferd da. Er ritt auf einem grauen Dragonerpferd und trug einen gold besetzten Hut und einen blauen Husarenmantel mit offenen, rot gefütterten Ärmeln. Die beiden Zuschauer beobachteten ihn so genau, dass sie nachher sagten, sie würden ihn überall erkennen. Sie fürchteten jedoch, von den Truppen misshandelt oder gezwungen zu werden, mit ihnen zu gehen. Sie nahmen an, dass die Truppen aus Irland gekommen und in Kyntyre gelandet seien. Während sie versuchten, über einen Felsen zu klettern, um ihnen aus dem Weg zu gehen, verschwand die ganze Erscheinung.

Ein Phänomen derselben Art wurde zu Anfang des Jahrhunderts in Paderborn in Westfalen gesehen – und zwar von mindestens dreißig Leuten. Da aber einige Jahre später an demselben Ort eine Musterung von zwanzigtausend Mann abgehalten wurde, so nahm man an, dass die Vision eine Art »Zweites Gesicht« gewesen sein musste – eine in dieser Gegend häufig vorkommende Fähigkeit.

Solche Geisterscharen werden jedoch bisweilen gesehen, wo eine Armee gewöhnlicher Menschen unmöglich hätte marschieren können, weder vorher noch nachher. Einen der merkwürdigsten Berichte solcher Erscheinungen gibt Harriet Martineau in ihrer Beschreibung der »Englischen Seen«. Sie schreibt Folgendes:

»Dieser Souter oder Soutra Fell ist der Berg, auf dem Geister zu Myriaden erschienen, in Zwischenräumen von zehn Jahren im letzten Jahrhundert. Sechsundzwanzig ausgewählte Zeugen haben dort dieselben Erscheinungen gesehen, ebenso alle Bewohner sämtlicher Hütten in Sichtweite des Berges, und zwar jedes Mal während eines Zeitraumes von zweieinhalb Stunden. Die Geistererscheinung verschwand erst durch den Eintritt der Dunkelheit! Der Berg ist aber, wohlgemerkt, voller Abgründe, die jedes Marschieren von Truppeneinheiten unmöglich machen; und die nördliche sowie westliche Seite haben eine fast senkrechte Wand von dreihundert Metern Höhe.

Am Abend der Sommersonnenwende, im Jahre 1735, sah ein Knecht des Landwirts Lancaster eine halbe Meile von dem Berg entfernt die östliche Seite seines Gipfels von Truppen bedeckt, die eine Stunde lang vorwärts marschierten. Sie kamen in deutlich sichtbaren Kolonnen von einer Anhöhe im Norden und verschwanden in einer Spalte am Gipfel. Als der arme Bursche das erzählte, wurde er von allen Seiten ausgelacht, so wie es den ersten Beobachtern immer geht, wenn sie etwas Wunderbares sehen. Zwei Jahre später, auch am Abend der Sonnenwende, sah Herr Lancaster einige Männer dort, die scheinbar ihren Pferden folgten, als wenn sie von der Jagd zurückkämen. Er machte sich keine Gedanken darüber, aber als er zehn Minuten später wieder hinschaute, sah er die Gestalten jetzt zu Pferde, und es folgte ihnen eine endlose Schar von Truppen in Fünferreihen. Sie kamen wie die früheren von der Anhöhe und zogen über die Spalte. Die ganze Familie sah das und ihre Schwenkungen, denn jede Kompanie wurde von einem berittenen Offizier, der hin und her galoppierte, in Linie gehalten. Als die Dämmerung eintrat, schien die Disziplin nachzulassen, die Truppen bewegten sich im ungleichen Schritt, bis sich alles in der Dunkelheit verlor. Nun wurde natürlich auch die Familie Lancaster verlacht, wie vorher der Knecht; aber ihre Rechtfertigung ließ nicht auf sich warten.

Am Mittsommerabend des schrecklichen Jahres 1745 sahen sechsundzwanzig Personen, die von der Familie besonders dazu aufgefordert waren, alles, was vordem gesehen worden war, und noch mehr. Zwischen den Truppen befanden sich jetzt Wagen, obwohl jeder wusste, dass auf dem Gipfel von Souter Fell keine Wagen fahren konnten und nie hatten fahren können. Es war eine unglaubliche Menge; denn die Truppen füllten einen Raum von einer halben Meile aus und marschierten schnell – bis die Dunkelheit sie verbarg – während sie noch immer weiter marschierten. Es war nichts Nebelhaftes oder Undeutliches an der Erscheinung dieser Gespenster. Sie schienen so wirklich zu sein, dass einige Leute am nächsten Morgen hinaufgingen, um die Hufabdrücke der Pferde zu suchen; und es war ihnen unheimlich, dass sie nicht eine einzige Fußspur auf dem Gras oder Heidekraut finden konnten. Die Zeugen beschworen ihre Aussage über diesen Vorfall vor einem Richter; und die ganze Gegend erwartete mit großer Furcht die kommenden Ereignisse des schottischen Aufstandes.

Es stellte sich heraus, dass zwei andere Personen während der Zwischenzeit – nämlich im Jahre 1743 – etwas Ähnliches gesehen, es aber verschwiegen hatten, um nicht auch, wie ihre Nachbarn, verspottet zu werden. Herr Wren aus Wilton Hall und sein Knecht sahen an einem Sommerabend einen Mann und einen Hund auf dem Berg, die einige Pferde an einer Stelle verfolgten, die so steil war, dass es einem Pferd unmöglich gewesen wäre, dort Fuß zu fassen. Die Eile, mit der alles vor sich ging, war ungeheuer, und ihr Verschwinden am südlichen Ende des Abhanges so schnell, dass Herr *Wren* und der Knecht am nächsten Morgen hinaufgingen, um die Leiche des Mannes zu suchen, der sicher dabei umgekommen sein musste. Sie fanden jedoch keine Spur von Mann, Pferd oder Hund. Sie kamen zurück und schwiegen. Als sie später darüber sprachen, erging es ihnen nicht viel besser, obgleich sie sechsundzwanzig Kameraden hatten, die ebenfalls verlacht worden waren.

Was nun die Erklärung anbetrifft, so behauptet der Herausgeber des »Lonsdale Magazine«, man habe herausgefunden, dass die Rebellen am Mittsommerabend 1745 an der Westküste von Schottland exerzierten, und dass ihre Bewegungen von einem durchsichtigen Dampf reflektiert worden seien, ähnlich einer Fata Morgana. Das ist eigentlich keine Erklärung; aber soweit wir wissen, hat man bis jetzt keine andere gefunden. Diese Tatsachen förderten jedoch viel mehr zu Tage, als den Geistermarsch derselben Art, der im Jahre 1707 in Leicestershire gesehen wurde, und die Erzählung von der Wanderung der Heere über Helvellyn am Abend vor der Schlacht bei Marston Moor.

Es gibt andere Berichte, in denen Herden von geisterhaften Schafen auf bestimmten Wegen gesehen worden sind, und außerdem gibt es natürlich verschiedene deutsche Geschichten von gespensterhaften Jäger-Kavalkaden und Räubern.

Nun sind bei diesen Fällen, wie so oft bei der Nachforschung okkulter Erscheinungen, verschiedene Ursachen möglich, von denen jede einzelne die beobachteten Vorgänge hätten entstehen lassen können. Doch in Ermangelung genauerer Auskunft können wir kaum etwas anderes tun als erraten, welche von diesen möglichen Ursachen in irgendeinem besonderen Fall diese Wirkung hervorrief.

Die allgemein angenommene Erklärung (wenn nicht die ganze Geschichte als Erfindung lächerlich gemacht wird) ist die, dass das, was man sieht, ein durch Luftspiegelung entstandener Reflex der Bewegungen wirklicher Truppenkörper ist, die in beträchtlicher Entfernung stattfinden. Ich habe selbst bei verschiedenen Gelegenheiten die gewöhnliche Luftspiegelung beobachtet und kenne daher ihre faszinierende Macht der Täuschung. Doch es scheint mir, dass es eine gänzlich neue Art der Luftspiegelung geben müsste, ganz verschieden von der, wie sie die Wissenschaft bis jetzt kennt, um die Erzählungen von geisterhaften Heeren, die bisweilen innerhalb weniger Meter Entfernung vom Zuschauer vorbeigehen, zu erklären.

Es können vor allem, wie in dem oben erwähnten westfälischen Beispiel, einfache Fälle von Voraussehen in riesenhaftem Maß sein – von wem hervorgerufen und zu welchem Zweck, ist nicht leicht zu erraten. Ferner mögen sie öfter der Vergangenheit angehören als der Zukunft und tatsächlich der Reflex von Szenen aus der Akasha-Chronik sein – obgleich auch hier wieder der Grund und die Methode solcher Reflexe nicht ersichtlich sind.

Es gibt sehr viele Klassen von Naturgeistern, die vollkommen fähig wären, wenn sie es aus irgendeinem Grund tun wollten, solche Erscheinungen durch die wunderbare Einbildungskraft hervorzurufen. Ein solches Tun würde auch ganz in Einklang stehen mit ihrer Freude am Irreführen und Beeinflussen menschlicher Wesen. Auch mag es bisweilen eine freundliche Absicht sein, um ihre Freunde vor Ereignissen zu warnen, von denen sie wissen, dass sie stattfinden werden. Es scheint, als ob eine Erklärung in dieser Richtung die vernünftigste wäre, um die außergewöhnlichen Phänomene zu begründen, die Frl. Martineau beschreibt – wenn die von ihr erzählten Geschichten auf Wahrheit beruhen.

Eine andere Möglichkeit ist in einigen Fällen die, dass das, was man für Soldaten gehalten hat, einfach die Naturgeister selbst waren, die sich in geordneten Formationen bewegten, an denen sie viel Vergnügen finden, obgleich man zugeben muss, dass diese Bewegungen selten von einer Art sind, dass sie mit militärischen Übungen verwechselt werden können – außer von ganz Unwissenden.

IX. METHODEN DER ENTWICKLUNG

Wenn jemand von der Wirklichkeit der wunderbaren Kraft des Hellsehens überzeugt wird, dann ist seine erste Frage gewöhnlich die: »Wie kann ich selbst diese Fähigkeit entwickeln, die in jedem latent liegen soll?«

Nun gibt es tatsächlich viele Methoden, durch welche diese Kraft entwickelt werden kann, doch für den allgemeinen Gebrauch kann nur eine mit Sicherheit empfohlen werden – die, von der wir zuletzt sprechen wollen. Unter den Völkern der Welt ist der Zustand des Hellsehens auf mancherlei nicht einwandfreie Weise hervorgerufen worden; bei einigen Stämmen Indiens durch berauschende Mittel oder durch das Einatmen betäubender Dämpfe; bei den Derwischen durch das Drehen in einem wilden, inbrünstigen religiösen Tanz, bis sich Schwindel und Unempfindlichkeit einstellen; bei den Anhängern des schauderhaften Voodoo-Kultus durch furchtbare Opfer und ekelhafte Gebräuche schwarzer Magie. Solche Methoden sind glücklicherweise in unserer Kultur nicht gebräuchlich, aber auch bei uns wenden eine große Anzahl Pfuscher in dieser alten Kunst eine Art Selbsthypnose an, wie das Blicken auf einen hellen Fleck oder das wiederholte Hersagen einer Formel, bis schließlich ein Zustand halber Betäubung eintritt. Eine andere Schule versucht ähnliche Resultate dadurch zu erlangen, dass sie eines der indischen Systeme der Regulierung des Atems anwendet.

Alle diese Methoden sind eindeutig als unzuverlässig für die

Anwendung durch Menschen abzulehnen, die nicht wissen, was sie tun, und bloß vage Experimente in einer für sie unbekannten Welt durchführen. Selbst die Methode, sich durch einen anderen mesmerisieren zu lassen, um hellsehend zu werden, ist eine, vor der ich selbst mit entschiedenem Widerwillen zurückscheuen würde, und sie sollte nur dann versucht werden, wenn zwischen dem Magnetiseur und dem Magnetisierten absolutes Vertrauen und Sympathie, ferner eine vollkommene Reinheit des Herzens, der Seele, des Gemütes und der Absicht herrschen – Eigenschaften wie man sie eigentlich nur bei Heiligen findet.

Experimente in Verbindung mit dem mesmerischen Trance-Zustand sind hochinteressant, da sie (unter anderem) dem Skeptiker einen Beweis der Tatsache des Hellsehens geben können, doch außer unter solchen Umständen, die, ich gebe es zu, fast unmöglich zu erfüllen sind, würde ich niemals jemandem raten, sich als Versuchsperson dazu herzugeben.

Heilmagnetismus (wobei der Versuch gemacht wird, ohne den Patienten überhaupt in Trance zu versetzen, ihn von seinen Schmerzen zu befreien, seine Krankheit zu heilen oder ihm durch magnetische Striche Lebenskraft zuzuführen) ist etwas ganz anderes. Ist der Magnetiseur, selbst wenn er ganz ungeschult ist, in einem guten Gesundheitszustand und wird von reinen Absichten geleitet, so kann dem Patienten kein Schaden erwachsen. In einem so extremen Fall wie einer chirurgischen Operation könnte es vernünftig sein, sich in magnetische Trance versetzen zu lassen. Doch ist das sicherlich kein Zustand, mit dem man leichthin Experimente machen sollte. Ich würde jedenfalls jemandem, der mir die Ehre erweist, mich über diesen Gegenstand nach meiner Meinung zu fragen, den Rat geben, so lange nicht zu versuchen, die für ihn noch außergewöhnlichen Naturkräfte zu erforschen, bis er erstens sorgfältig alles studiert hat, was darüber geschrieben worden ist, oder – was bei weitem das Beste ist – bis er unter der Leitung eines erfahrenen Lehrers steht.

Doch wo, wird man fragen, ist der erfahrene Lehrer zu finden? Sicherlich nicht unter denen, die sich als Lehrer ankündigen, die für Geld anbieten, die heiligen Mysterien der Zeitalter mitzuteilen oder »Entwicklungskurse« abhalten, zu denen beliebige Bewerber nach Zahlung einer bestimmten Summe zugelassen werden.

Es ist in dieser Abhandlung viel über die Notwendigkeit einer sorgsamen Schulung gesagt worden – über die ungeheuren Vorteile, die der geschulte vor dem ungeschulten Hellseher voraus hat. Doch das bringt uns wieder zu der gleichen Frage zurück: Wo findet man diese zuverlässige Schulung?

Die Antwort ist, dass sie dort zu finden ist, wo man sie immer seit Anfang der Weltgeschichte gefunden hat – in den Händen der Großen Weißen Bruderschaft der Adepten, die heute wie eh und je der menschlichen Evolution führend und helfend zur Seite steht, im Einklang mit den großen kosmischen Gesetzen, die für uns der Ausdruck des göttlichen Willens sind.

Aber wie, so wird man weiterfragen, kann man zu ihnen gelangen? Wie soll der nach Erkenntnis dürstende Bewerber ihnen seinen Wunsch nach Belehrung andeuten? Noch einmal – einzig durch die altehrwürdigen Methoden.

Es gibt kein neues Patent, wodurch sich ein Mensch ohne Mühe befähigen kann, ein Schüler dieser Schule zu werden – keinen mühelosen Weg, der zu dem Wissen führt, das dort zu erwerben ist. Heutzutage, wie schon im grauen Altertum, muss jeder, der die Aufmerksamkeit der Adepten auf sich ziehen will, den langsamen und mühevollen Pfad der Selbstentwicklung beschreiten. Er muss sich selbst in die Hand nehmen und sich zu dem machen, der er sein sollte. Die Stufen dieses Pfades sind kein Geheimnis. Ich habe sie in meinem Buch »Unsichtbare Helfer« angegeben, so dass ich sie hier nicht zu wiederholen brauche. Der Weg ist nicht leicht zu gehen, und dennoch muss ihn früher oder später jeder beschreiten, denn die großen Gesetze der Entwicklung führen die Menschheit langsam, aber unwiderstehlich ihrem Ziel zu.

Aus denen, die diesen Pfad wandeln, wählen die großen Meister ihre Schüler aus, und nur wer sich selbst dazu befähigt, belehrt zu werden, kann des Unterrichts teilhaftig werden. Ohne diese Qualifikationen wird die Mitgliedschaft in einer Loge oder Gesellschaft, ob geheim oder nicht, niemanden auch nur im Geringsten seinem Ziel näherbringen.

Das ist also der einzige, absolut sichere Weg, um Hellsehen zu entwickeln – mit ganzer Energie den Pfad der moralischen und geistigen Evolution zu betreten, auf dem sich auf einer bestimmten Stufe diese und die anderen der höheren Fähigkeiten von selbst entfalten werden. Doch gibt es eine Übung, die alle Religionen in gleicher Weise anraten – die, wenn sorgfältig und ehrfurchtsvoll ausgeführt, keinem menschlichen Wesen schaden kann, und wodurch öfters eine sehr reine Art des Hellsehens entwickelt wurde. Das ist die Übung der Meditation.

Man setze sich an jedem Tag eine bestimmte Zeit fest – eine Zeit, in der man sicher ist, dass man ruhig und ungestört bleibt, aber besser zur Tageszeit als zur Nachtzeit – und versuche dann einige Minuten lang, sich von allen irdischen Gedanken vollständig frei zu machen, um die ganze Kraft seines Wesens auf das höchste spirituelle Ideal zu richten, das man kennt. Man wird finden, dass es viel schwerer ist, als man glaubt, derartige vollkommene Kontrolle über seine Gedanken zu gewinnen. Doch wenn man sie erlangt, so kann das nur von wohltätigstem Einfluss sein. In dem Maße, wie die Fähigkeit, sein Denken zu erheben und zu konzentrieren, wächst, eröffnen sich allmählich neue Welten vor den Augen des Schülers.

Als eine Art Vorübung, um die Meditation dann vollkommener zu gestalten, ist es gut, wenn man in allen Angelegenheiten des täglichen Lebens – selbst in den unbedeutendsten – sich übt, möglichst konzentriert zu sein. Wenn man einen Brief schreibt, so denke man an nichts anderes, als an den Brief, bis er geschrieben ist. Beim Lesen eines Buches lasse man nicht seine Gedanken umherwandern, sondern konzentriere sich auf das, was der Verfasser hat sagen wollen. Der Verstand muss vollständig beherrscht werden, ebenso die Leidenschaften. Mit großer Geduld muss absolute Gedankenbeherrschung erworben werden, so dass man stets genau weiß, was man denkt und warum man so denkt – damit man den Verstand benutzen kann, um ihn auf etwas richten oder ruhen zu lassen. So, wie ein geübter Fechter seine Waffe dahin richtet, wohin er will.

Wenn allerdings diejenigen, welche die Fähigkeit des Hellsehens so dringend ersehnen, sie vorübergehend einen Tag oder nur eine Stunde lang besitzen könnten, so ist es durchaus nicht sicher, dass sie wünschen würden, die Gabe zu behalten. Wohl eröffnet sie ihnen neue Welten des Studiums, neue Kräfte der Nützlichkeit, und aus diesem letzteren Grund fühlen die meisten von uns, dass es der Mühe wert ist; aber es sei daran erinnert, dass für jemanden, der noch die Pflicht hat, in der Welt zu leben, diese Gabe durchaus keine ungemischte Freude bedeutet. Auf dem, dessen Blick sich geöffnet hat, lasten der Kummer und das Elend, das Übel und die Begierden der Welt wie eine stets gegenwärtige Bürde, so dass er sich in den ersten Tagen seiner Erkenntnis geneigt fühlt, die leidenschaftlichen Ausbrüche zu wiederholen, die in den Zeilen Schillers ertönen:

Dein Orakel zu verkünden, warum warfest du mich hin,
In die Stadt der ewig Blinden, mit dem aufgeschlossnen Sinn!
Frommt's, den Schleier aufzuheben, wo das nahe Schrecknis droht?
Nur der Irrtum ist das Leben, und das Wissen ist der Tod.
Nimm, o nimm die traur'ge Klarheit mir vom Aug' den blut'gen Schein!
Schrecklich ist es, deiner Wahrheit sterbliches Gefäß zu sein!

Doch das ist natürlich ein Gefühl, das vorübergeht, denn das höhere Schauen zeigt dem Schüler bald etwas, das jenseits des Kummers liegt. Es bringt seiner Seele bald die überwältigende Gewissheit, dass, worauf immer die Erscheinungen hier unten auch hindeuten mögen, doch alle Dinge zweifellos zum endgültigen Wohl aller zusammenwirken. Er weiß, dass die Sünde und das Leid existieren, ob er fähig ist, sie wahrzunehmen oder nicht, und dass, wenn er sie sehen kann, er doch besser imstande ist, wirksame Hilfe zu bringen, als wenn er in der Dunkelheit wirken müsste. So lernt er allmählich, seinen Teil am Karma der Welt zu tragen.

Es gibt einige auf Abwege Geratene, die zwar das Glück haben, in Fühlung mit dieser höheren Kraft zu sein, aber trotzdem jedes rechten, damit in Beziehung stehenden Gefühls so verlustig sind, dass sie diese Fähigkeit zu den gemeinsten Zwecken gebrauchen – sich tatsächlich sogar zu »Berufs-Hellsehern« hergeben! Es braucht wohl nicht gesagt zu werden, dass ein solcher Missbrauch der Kraft eine Entehrung und Erniedrigung ist, die nur beweist, dass ihr unglücklicher Besitzer sie auf irgendeine Weise erworben hat, bevor die moralische Seite seiner Natur genügend entwickelt war, um die Verantwortung zu ertragen, die sie auferlegt. Ein Blick darauf, wie viel schlechtes Karma ein derartiges Wirken in sehr kurzer Zeit verursacht, verwandelt aber den Widerwillen gegen den unglücklichen Frevler bei dieser gotteslästerlichen Torheit in Mitleid.

Man hat bisweilen den Einwurf gemacht, dass die Gabe des Hellsehens alle Ruhe des Privatlebens zerstöre und den Seher befähige, die intimen Angelegenheiten anderer auszuspionieren. Zweifellos befähigt diese Kraft dazu, aber die Vorstellung ist für jeden, der praktisch etwas von der Sache versteht, sehr belustigend. Eine solche Einwendung könnte wohl begründet sein betreffs der sehr beschränkten Kräfte des »Berufs-Hellsehers«, aber wer diejenigen damit beschuldigt, die diese Fähigkeit durch lange Schulung erworben haben und sie folglich ganz besitzen, vergisst drei wesentliche Tatsachen: Erstens, es ist ganz undenkbar, dass jemand, der die herrlichen, durch wahres Hellsehen erschlossenen Gebiete der Beobachtung vor sich hat, jemals den leisesten Wunsch haben könnte, die wertlosen, banalen Angelegenheiten irgendeines Menschen zu erspähen; zweitens, selbst wenn ein Hellseher unwahrscheinlicherweise eine solche unschickliche Neugierde für Dinge kleinlichen Klatsches fühlen sollte, gibt es doch so etwas wie die Ehre eines »Gentleman«, die auf jenem Plan so gut wie auf diesem natürlich verhindern würde, diesem Gedanken auch nur für einen Augenblick nachzugeben; und drittens, falls jemand aus irgendeiner unbekannten Möglichkeit ein niederes Wesen treffen sollte, für das die obigen Erwägungen nicht in Betracht kommen, so werden jedem Schüler, sobald er die Fähigkeit nur im Geringsten zu entwickeln beginnt, genaue Belehrungen gegeben über die Beschränkungen, denen der Gebrauch derselben ausgesetzt ist.

Diese Einschränkungen bestehen darin, dass jegliches neugierige Ausspähen, jeglicher selbstsüchtige Gebrauch der Kraft und das Zurschaustellen von Phänomenen verboten sind. Dieselben Beweggründe, welche die Handlungen eines rechtschaffen denkenden Menschen auf dem physischen Plan bestimmen, haben auch auf dem astralen und mentalen Plan Geltung. Der Schüler darf unter keinen Umständen die Macht, die seine vermehrte Erkenntnis ihm verleiht, zu seinem eigenen weltlichen Vorteil benutzen oder überhaupt mit geschäftlichem Gewinn in irgendwelche Beziehung bringen. Er darf niemals eine Beweissitzung, wie das in spiritistischen Kreisen genannt wird, geben – das heißt, etwas tun, das Skeptikern auf dem physischen Plan unwiderleglich beweisen könnte, dass er eine für sie scheinbar außergewöhnliche Kraft besitzt.

Betreffs dieses letzteren Verbotes sagen manche oft: »Aber warum denn nicht? Es würde so leicht sein, die Skeptiker zu widerlegen und zu überzeugen, und es würde ihnen gut tun.« Solche Kritiker vergessen, dass erstens niemand von denen, die etwas wissen, die Zweifler widerlegen oder überzeugen will oder sich im Geringsten in der einen oder der anderen Weise um die Haltung der Skeptiker kümmert. Zweitens scheinen sie nicht zu verstehen, wie viel besser es für diesen Skeptiker ist, wenn er allmählich in eine vernünftige Auffassung der natürlichen Tatsachen hineinwächst, anstatt plötzlich durch einen Schlag gleichsam hineingestoßen zu werden. Doch dieses Thema ist vor Jahren in dem Buch »Die okkulte Welt« von A. P. Sinnett ausführlich behandelt worden, und es ist daher unnötig, die dort angeführten Beweise zu wiederholen.

Es ist für einige sehr schwer zu verstehen, dass das alberne Geschwätz und die müßige Neugierde, die das Leben der unbesonnenen Mehrzahl auf der Erde vollständig ausfüllen, keinen Raum in dem viel wirklicheren Leben des Jüngers finden. Daher fragen sie bisweilen, ob ein Hellseher, selbst wenn er es nicht besonders wünscht, nicht zufällig irgendein Geheimnis bemerken könne, das jemand anders zu bewahren suche, so wie man zufällig einen Satz in dem Brief eines anderen sehen kann, der offen auf dem Tisch liegt. Natürlich könnte er es, aber was liegt daran? Ein Ehrenmann würde sogleich seinen Blick abwenden, in dem einen Fall so gut wie in dem anderen, und es würde sein, als ob er nichts gesehen hätte. Wenn diejenigen, die solche Einwände machen, nur erfassen könnten, dass kein Geistesschüler sich um anderer Leute Angelegenheiten kümmert, außer wenn es seine Aufgabe ist zu versuchen, ihnen zu helfen, und dass er stets eine Welt voll eigener Arbeit zu tun hat, dann würden sie nicht so hoffnungslos weit davon entfernt sein, die Tatsachen des umfassenderen Lebens des geschulten Hellsehers zu verstehen.

Selbst aus dem Wenigen, das ich in Bezug auf die dem Schüler auferlegten Beschränkungen gesagt habe, ersieht man klar, dass er in sehr vielen Fällen viel mehr weiß, als er sagen darf. Das gilt natürlich in viel weiterem Sinne auch für die großen Meister der Weisheit selbst, und darum achten diejenigen, die das Vorrecht haben, gelegentlich mit ihnen zu verkehren, auf das leiseste Wort, selbst wenn das mit der direkten Lehre nichts zu tun hat. Denn die Meinung eines Meisters oder selbst eines ihrer höheren Schüler über irgendeinen Gegenstand ist die eines Mannes, dessen Fähigkeit zu urteilen zu der unsrigen in gar keinem Verhältnis steht.

Seine Stellung und seine erweiterten Fähigkeiten sind in Wirklichkeit das Erbe der ganzen Menschheit, und so weit wir von jenen erhabenen Kräften auch jetzt noch entfernt sein mögen, so werden sie dennoch einmal die unseren sein. Doch wie anders wird dann diese alte Welt sein, wenn die Menschheit insgesamt die Fähigkeit des höheren Hellsehens ihr eigen nennt! Man stelle sich vor, welche Veränderungen in der Geschichtsforschung vor sich gehen, wenn alle die Aufzeichnungen lesen können. Ebenso in der Wissenschaft, wenn alle Vorgänge, über welche die Menschen jetzt nur Theorien aufstellen, in ihrem ganzen Verlauf beobachtet werde können; in der Medizin, wenn der Arzt wie auch der Patient in gleicher Weise klar und deutlich alles sehen können, was vor sich geht; in der Philosophie, wenn es nicht mehr möglich ist, über ihre Grundlage zu diskutieren, weil alle einen viel weiteren Aspekt der Wahrheit erkennen können; in der Arbeit, wenn jedes Wirken eine Freude sein wird, weil jedem nur das zu tun gegeben wird, was er am besten kann; in der Erziehung, wenn Verstand und Herz der Kinder offen vor dem Auge des Lehrers liegen, der es versucht, ihren Charakter zu bilden; in der Religion, wenn es keine Möglichkeit mehr gibt, ihre allgemeinen Dogmen zu bestreiten, da die Wahrheit über die Zustände nach dem Tod und das große Gesetz, das die Welt regiert, vor allen Augen offen daliegt.

Wie viel leichter wird es dann den entwickelten Menschen sein, einander unter so viel freieren Bedingungen zu helfen! Die Möglichkeiten, die sich uns eröffnen, sind wie weite Alleen, die sich nach allen Richtungen hin erstrecken, so dass unsere zukünftige Entwicklung tatsächlich ein wahres Goldenes Zeitalter sein wird. Es ist gut für uns, dass die ganze Menschheit nicht eher diese hohen Fähigkeiten besitzen kann, als bis sie sich zu einem weit höheren Grad der Moral und der Weisheit entwickelt haben wird, sonst würden wir, jedoch unter noch schlimmeren Umständen, den furchtbaren Untergang der großen Zivilisation der Atlanter wiedererleben, die nicht erkennen wollten, dass vermehrte Macht auch zu größerer Verantwortlichkeit verpflichtet. Aber wir selbst, die meisten von uns, befanden uns auch unter eben diesen Menschen. Hoffen wir, dass wir durch jenes Misslingen weiser geworden sind, und wir dieses Mal, wenn sich die Möglichkeiten des höheren Lebens vor uns noch einmal eröffnen, die Prüfung besser bestehen werden.

TRÄUME

I. EINLEITUNG

Alle Leser dieser Zeilen haben schon geträumt – wahrscheinlich pflegen viele von ihnen häufig zu träumen. Sie werden sich deshalb für einen Versuch interessieren, die Traumerscheinungen im Lichte der theosophischen Untersuchungsmethode zu betrachten und zu erörtern. Die geeignetste Behandlungsweise wird wohl folgende sein: Zuerst eingehend den physischen, ätherischen und astralen Mechanismus zu betrachten, durch den Eindrücke auf unser Bewusstsein übertragen werden; zweitens zu sehen, wie das Bewusstsein seinerseits diesen Mechanismus beeinflusst und benutzt; drittens, den Zustand des Bewusstseins und seines Mechanismus während des Schlafes festzustellen; und viertens zu untersuchen, wie die verschiedenen Arten von Träumen, welche die Menschen erleben, dadurch hervorgerufen werden.

II. DER MECHANISMUS

1. Der physische Mechanismus

Zuerst wenden wir uns also dem physischen Teil des Mechanismus zu. Wir haben in unserem Körper eine große Zentralachse, aus Nervenmaterie bestehend, welche in das Gehirn übergeht. Von dieser Achse laufen durch den Körper Nervenfäden nach jeder Richtung aus. Diese Nervenfäden sind es, welche der modernen wissenschaftlichen Theorie nach alle Eindrücke von außen vermittelst ihrer Schwingungen dem Gehirn zuführen. Dieses wiederum übersetzt nach dem Empfang dieser Eindrücke dieselben in Gefühle und Empfindungen, so dass, wenn ich meine Hand auf einen Gegenstand lege und fühle, dass er heiß ist, es eigentlich nicht meine Hand ist, welche fühlt, sondern mein Gehirn, das auf die Benachrichtigung reagiert, welche ihm durch die Schwingungen übermittelt wurden, die den Telegrafendrähten, den Nervenfäden, entlang laufen.

Es ist wichtig, sich auch dessen zu erinnern, dass alle Nerven der Konstitution nach gleich sind. Das besondere Bündel, welches wir den optischen Nerv nennen, das dem Gehirn Eindrücke der Retina des Auges überbringt und uns so befähigt zu sehen, unterscheidet sich von den Nerven der Hände und Füße nur dadurch, dass es im Laufe langer Zeitalter der Entwicklung sich dahin spezialisiert hat, sehr leicht eine bestimmte kleine Gruppe

147

von äußerst schnellen Schwingungen zu empfangen und zu übermitteln, welche dann für uns als Licht sichtbar werden. Dasselbe gilt auch für unsere anderen Sinnesorgane. Die Gehör-, die Geruchs-, die Geschmacksnerven unterscheiden sich voneinander und von den Übrigen nur durch diese Spezialisierung, dem Wesen nach sind sie dasselbe, und ihre Arbeit, dem Gehirn Schwingungen zu übermitteln, erfüllten sie in genau derselben Weise.

Unser Gehirn nun, welches also der große Mittelpunkt unseres Nervensystems ist, wird selbst durch leichte Schwankungen unseres Gesundheitszustandes sofort beeinflusst, ganz besonders durch solche, welche eine Veränderung der Blutzirkulation in ihm mit sich bringen. Wenn der Strom durch die Blutgefäße des Kopfes normal und regelmäßig läuft, befindet sich das Gehirn, und damit das ganze Nervensystem, in der Lage, in normaler, ordentlicher und wirkungsvoller Weise zu arbeiten. Aber jede Änderung in dieser normalen Zirkulation, sei es in Betreff der Menge, der Beschaffenheit oder der Geschwindigkeit, ruft sofort eine entsprechende Wirkung auf das Gehirn hervor und durch dieses auf alle Nerven im ganzen Körper.

Wenn dem Gehirn zu viel Blut zugeführt wird, so tritt eine Überfüllung der Gefäße ein, und damit werden sofort Unregelmäßigkeiten in seiner Tätigkeit hervorgerufen; erhält es zu wenig, wird das Gehirn (und damit auch das Nervensystem) zuerst überreizt und dann schlafsüchtig (lethargisch). Die Qualität des zugeführten Blutes ist ebenfalls von großer Wichtigkeit. Während es durch den Körper rinnt, hat es zwei Aufgaben zu vollbringen – Sauerstoff zuzuführen und den verschiedenen Organen Nahrung zu liefern. Wenn es nun unfähig ist, eine dieser Funktionen normal zu erfüllen, erfolgt eine Störung. Ist die Zufuhr von Sauerstoff zum Gehirn ungenügend, so wird es mit Kohlensäure überladen, und Schwere und Schlafsucht stellen sich bald ein. Ein gewöhnliches Beispiel hierfür ist das Gefühl der Dumpfheit und Schläfrigkeit, welches uns häufig in einem überfüllten und schlecht belüfteten Raum überkommt. Infolge der Erschöpfung des Sauerstoffes durch die fortgesetzte Atmung zahlreicher Menschen erhält das Gehirn nicht seine nötige Zufuhr und ist daher unfähig, seine Funktion ordentlich zu verrichten. Die Geschwindigkeit, mit welcher das Blut durch die Adern rinnt, beeinflusst die Tätigkeit des Gehirns; ist sie zu groß, ruft sie Fieber hervor, ist sie zu gering, tritt Schlafsucht ein. Es ist daher augenscheinlich, dass unser Gehirn (durch welches, wie man sich erinnern wird, alle physischen Eindrücke hindurchgehen müssen) sehr leicht gestört und durch scheinbar unbedeutende Veranlassungen in der richtigen Ausführung seiner Aufgabe mehr oder weniger behindert werden kann. Das können Anlässe sein, welchen wir selbst in der Zeit des Wachens meistens gar keine Aufmerksamkeit schenken, von denen wir aber während des Schlafes sicher nichts bemerken.

Bevor wir weitergehen, muss noch auf eine weitere Besonderheit dieses Mechanismus hingewiesen werden. Dies ist seine bemerkenswerte Neigung, automatisch Schwingungen zu wiederholen, auf die zu reagieren es sich gewöhnt hat. Dieser Eigenheit des Gehirns sind alle jene körperlichen Gewohnheiten und Verhaltensweisen zuzuschreiben, welche, vollständig unabhängig vom Willen, oft sehr schwer abzulegen sind. Diese Eigenheit spielt, wie man gleich sehen wird, in unserem Leben während des Schlafes eine noch wichtigere Rolle als im Wachen.

2. Der ätherische Mechanismus

Bisher hatten wir nur das Gehirn in Betracht gezogen; aber nicht nur durch dieses empfängt der Mensch Eindrücke. Im Umfang ihm fast entsprechend und seine sichtbare Form durchdringend ist sein ätherischer Doppelkörper (der früher in der theosophischen Literatur *Linga Sharira* genannt wurde), und auch dieser hat ein Gehirn, welches in Wirklichkeit nicht weniger materiell ist als das erstere, wenn es auch aus einer Materie besteht, die noch feiner als die gasförmige ist. Wenn wir mit psychischem Sehvermögen den Körper eines neugeborenen Kindes untersuchen, so finden wir es nicht nur von astraler Materie in jedem Dichtigkeitsgrad durchdrungen, sondern auch von den verschiedenen Graden ätherischen Stoffes. Wenn wir uns die Mühe geben, diese inneren Körper bis zu ihrem Ursprung zurückzuverfolgen, so finden wir, dass der ätherische Doppelkörper – die Form, in welche der physische Körper hineingebaut ist – aus letzterem von den Gehilfen der *Herren des Karma* gestaltet wird, während die astrale Materie von dem herabsteigenden Ego (natürlich nicht bewusst, sondern automatisch) beim Durchgang durch die astrale Ebene um sich gesammelt wurde. Dies bedeutet nur, dass auf dieser Ebene nun jene Neigungen weiterentwickelt werden, deren Saat während der Erfahrungen in der Himmelswelt (im *Devachan*) im Schlaf lag, denn diese konnten auf letzter Ebene nicht keimen, da ihnen dort der für ihren Ausdruck nötige Grad der Materie fehlte. Dieser ätherische Doppelkörper ist oft der Träger des menschlichen Lebensäthers oder seiner Lebenskraft (im Sanskrit *Prana*) genannt worden, und jeder, der das psychische Sehvermögen entwickelt hat, kann genau sehen, dass diese Bezeichnung der Wirklichkeit entspricht. Er sieht, dass das solare Lebensprinzip, beinahe farblos, doch intensiv leuchtend und aktiv, fortgesetzt von der Sonne in die Atmosphäre der Erde überströmt. Er sieht, wie der ätherische Teil seiner Milz in Ausübung seiner wunderbaren Funktion dieses universale Leben in sich aufnimmt und es zu Prana spezialisiert, so dass es besser vom Körper verarbeitet werden kann. Es verläuft dann überall durch den Körper, an jedem Nervenfaden entlang, in winzigen Kügelchen mit lieblich rosigem Schein, und bewirkt, dass die Wärme des Lebens, der Gesundheit und der Tätigkeit jedes Atom des ätherischen Doppelkörpers durchdringt. Die rosenfarbenen Partikelchen werden absorbiert und das überschüssige

Prana endlich von dem Körper nach jeder Richtung in bläulich weißem Licht ausgestrahlt.

Wenn er die Tätigkeit dieses Lebensäthers weiter untersucht, wird es ihm bald einleuchten, dass die Übermittlung der Eindrücke auf das Gehirn mehr von dem regelmäßigen Strömen desselben in den ätherischen Teilen der Nervenfäden abhängt als von den bloßen Schwingungen ihrer dichteren und sichtbaren Teilchen, wie gewöhnlich angenommen wird. Es würde zu viel Raum in Anspruch nehmen, wenn wir alle Versuche einzeln darlegen wollten, durch welche diese Theorie gestützt wird, aber die Erwähnung des einen oder anderen wird genügen, um die Richtung anzugeben, in welcher sie angestellt worden sind.

Wenn ein Finger vor Kälte ganz erstarrt ist, hat er kein Gefühl mehr. Dieselbe Erscheinung der Gefühllosigkeit kann leicht durch einen Magnetiseur willentlich dadurch hervorgerufen werden, dass er einige Striche über den Arm seines Patienten macht und ihn dadurch in eine Verfassung versetzt, dass er mit einer Nadel gestochen oder mit der Flamme einer Kerze verbrannt werden kann, ohne dass er den leisesten Schmerz fühlt.

Weshalb fühlt nun die Person in beiden Fällen nichts? Die Nervenfäden sind noch da, und wenn auch im ersten Fall zugestanden werden mag, dass ihre Tätigkeit durch Kälte und durch Fehlen des Blutes in den Gefäßen gelähmt wird, so kann dies sicher nicht der Grund im zweiten Fall sein, wo der Arm seine normale Temperatur behält und das Blut wie gewöhnlich zirkuliert.

Wenn wir einen Hellsehenden zu Hilfe rufen, können wir einer richtigen Erklärung näher kommen, denn er wird uns mitteilen, dass der erfrorene Finger deshalb abgestorben erscheint und das Blut nicht durch die Gefäße rinnen kann, weil der rosige Lebensäther nicht mehr an den Nervenfäden entlangfließt. Man muss bedenken, dass, wenn auch der Stoff im Ätherzustand unsichtbar ist, er doch rein physisch ist und deshalb von Hitze und Kälte beeinflusst werden kann.

Beim zweiten Fall wird er uns erklären, dass immer dann, wenn der Magnetiseur die Striche zieht, durch welche der Arm gefühllos wird, er in Wirklichkeit seinen eigenen Nervenäther (oder Magnetismus, wie er häufig genannt wird) in den Arm überströmen lässt und dadurch den des Patienten solange zurückdrängt. Der Arm ist noch warm und lebend, weil noch Lebensäther durch ihn kursiert, aber da es nicht mehr der eigene Lebensäther des Patienten ist und er daher nicht mit dessen Gehirn im Kotakt steht, überbringt er keine Nachrichten an dieses Gehirn und der Patient hat deshalb kein Gefühl mehr in dem Arm. Dadurch scheint es bewiesen zu sein, dass, wenn es auch nicht unbedingt der Lebensäther ist, der dieses Überbringen der Eindrücke von außen auf das menschliche Gehirn ausführt, seine Gegenwart, und zwar in der durch den Menschen selbst spezialisierten Form, nötig ist, wenn die Übertragung die Nervenfäden entlang vor sich gehen soll.

Genau so, wie nun jede Änderung in der Zirkulation des Blutes die Empfänglichkeit der dichteren Gehirnmasse beeinflusst und dadurch die Zuverlässigkeit der durch diese vermittelten Eindrücke modifiziert, wird auch der Zustand des ätherischen Teiles des Gehirns durch jede Änderung in der Menge und in der Geschwindigkeit dieser Lebensströme beeinflusst.

Wenn zum Beispiel die Menge des durch die Milz spezialisierten Nervenäthers aus irgendwelchen Gründen unter den Durchschnitt fällt, fühlt man sofort physische Müdigkeit und Schwäche, und wenn unter diesen Umständen zufällig die Geschwindigkeit der Zirkulation desselben sich steigert, wird der Mensch in hohem Grade sensitiv und erregbar und vielleicht sogar hysterisch. In einem solchen Zustand ist er häufig für psychische Eindrücke empfindlicher, als er es im normalen Zustand ist. So kommt es häufig vor, dass er Visionen und Erscheinungen sieht, die für seine robusteren Mitmenschen nicht sichtbar sind. Wenn andererseits die Menge und die Geschwindigkeit des Lebensäthers beide gleichzeitig herabgemindert sind, empfindet der Mensch eine starke Mattigkeit. Er wird unempfänglicher gegen äußere Eindrücke und hat ein allgemeines Gefühl, als sei er zu schwach, um sich um das zu kümmern, was mit ihm geschieht. Man darf auch nicht vergessen, dass die ätherische Materie, von der wir gesprochen haben, und die dichtere Materie, aus der nach der gewöhnlichen Ansicht das Gehirn besteht, beides in Wirklichkeit Teile eines und desselben physischen Organismus sind. Daher kann keiner angegriffen werden, ohne nicht sofort auch eine Wirkung auf den anderen auszuüben. Infolgedessen ist nur dann Sicherheit vorhanden, dass Eindrücke durch diesen Mechanismus genau übermittelt werden, wenn beide Teile normal und regelmäßig arbeiten. Irgendeine Unregelmäßigkeit in einem der Teile kann seine Empfänglichkeit sehr leicht so sehr schwächen oder stören, dass getrübte und verzerrte Bilder von allen Eindrücken, die sich ihm bieten, entstehen. Im Schlaf ist er sogar, wie wir gleich sehen werden, noch viel mehr als im Wachen zu solchen Irrtümern geneigt.

3. Der astrale Mechanismus

Wir haben noch einen Mechanismus in Betracht zu ziehen, den astralen, welcher oft der *Begierdenkörper* genannt wird. Wie sein Name schon sagt, ist dieser Körper ausschließlich aus astraler Materie zusammengesetzt. Es ist die Erscheinungsform des Menschen auf der astralen Ebene, gerade wie sein dichterer, physischer Körper seine Erscheinungsform auf den niedrigeren Stufen der physischen Ebene ist. Der theosophische Forscher wird sich viel Mühe ersparen, wenn er sich daran gewöhnt, diese verschiedenen Körper einfach als die wirkende Erscheinungsform des Egos auf den verschiedenen Ebenen anzusehen. Wenn er sich etwa klar macht, dass der Kausalkörper (manchmal auch das *Aurische Ei* genannt) der wirkliche Körper des sich verkörpernden Egos ist. Dieser wird so lange von ihm bewohnt, wie es auf dieser Ebene, seiner wahren Heimat, den höheren Stufen der Mentalwelt verweilt. Wenn es aber in die niederen Stufen hinabsteigt, muss es sich in deren Materie hüllen, um sich auf ihnen betätigen zu können. Die Materie, welche es so zu sich heranzieht, bildet seinen Verstandeskörper. Ebenso formt er, wenn er auf die Astralebene herabsteigt, seinen Astral- oder Begierdenkörper aus deren Materie, obgleich er seine anderen Körper selbstverständlich beibehält. Bei seinem weiteren Herabsteigen auf die allerniedrigste Ebene wird der physische Körper inmitten der eiförmigen Aura gebildet, welche so den vollständigen Menschen enthält.

Das astrale Werkzeug ist nun noch empfindlicher gegen äußere Eindrücke als der physische und der ätherische Körper; denn es ist selbst der Sitz aller Wünsche und Erregungen – das verbindende Glied, durch welches das Ego allein Erfahrungen aus seinem physischen Leben sammeln kann. Es ist besonders empfänglich für den Einfluss vorüberziehender Gedankenströme, und wenn der Verstand es nicht ständig überwacht, empfängt es fortgesetzt diese Antriebe von außen und reagiert darauf.

Auch dieser Mechanismus wird, wie die anderen, während des Schlafes des physischen Körpers leichter beeinflusst. Dieses Geschehen kann man häufig beobachten. Ein gutes Beispiel dafür wurde kürzlich dem Verfasser erzählt, wo ein früherer Trinker die Schwierigkeiten beschrieb, welche seiner Besserung im Wege standen. Er teilte mit, dass es ihm nach einer langen Periode vollständiger Enthaltsamkeit gelungen war, das physische Verlangen nach Alkohol gänzlich auszurotten, so dass er im Wachen einen vollständigen Abscheu davor empfand. Dennoch träumte er häufig, dass er trinke, und in diesen Träumen fühlte er das alte, schreckliche Vergnügen an solcher Herabwürdigung.

Augenscheinlich wurde seine Begierde also tagsüber durch

den Willen im Zaum gehalten, und zufällige Gedankenformen oder vorüberziehende Elementale waren nicht imstande, irgendeinen Eindruck auf ihn zu machen. Aber wenn der Astralkörper im Schlaf frei wurde, entschlüpfte er bis zu einem gewissen Grade der Herrschaft des Egos, und seine natürliche, äußerst lebhafte Empfänglichkeit erfasste ihn aufs Neue so energisch, dass er wieder eifrig auf diese niedrigen Einflüsse reagierte. Er gab sich in der Einbildung wieder dem schädlichen Vergnügen der Trunksucht hin.

III. DAS EGO

Alle diese verschiedenen Teile des Mechanismus sind in Wirklichkeit nur Werkzeuge des Egos, obgleich seine Beherrschung häufig noch sehr unvollkommen ist, denn man darf nicht vergessen, dass das Ego selbst ein sich entwickelndes Wesen ist und es bei den meisten von uns kaum mehr als einen Keim von dem bildet, was es einst werden soll.

Ein Vers im »Buch des Dzyan« sagt: »Jene, welche nur einen Funken erhielten, bleiben bar der Erkenntnis, der Funke leuchtete schwach.« H. P. Blavatsky erklärt dies folgendermaßen: »Jene, welche nur einen Funken empfingen, die Durchschnittsmenschheit, welche ihre Intellektualität während der gegenwärtigen manvantarischen Entwicklung[6] zu erlangen hat.« (Geheimlehre, II, S. 177). Bei den meisten von ihnen ist der Funke noch im Glimmen, und es wird manches Zeitalter dauern, bis er es im langsamen Fortschritt zu einer stetigen und leuchtenden Flamme gebracht hat.

Zweifellos kommen Stellen in der theosophischen Literatur vor, aus welchen hervorzugehen scheint, dass unser höheres Ego keine Entwicklung benötigt, da es schon vollkommen und göttlich auf seiner eigenen Ebene ist. Aber wo diese Ausdrücke gebraucht worden sind, so kann man, was auch immer die sonst benutzte Terminologie sein mag, diese Aussprüche nur für den *At-*

---

6 Manvantara. Sanskrit-Bezeichnung für einen großen „Weltentag". (Anm. d. Hrsg.)

man anwenden, den wahren Gott in uns, welcher sicher weit über die Notwendigkeit irgendeiner Art solcher Entwicklung erhaben ist, von der wir uns irgendeine Vorstellung machen können.

Das sich wiederverkörpernde Ego entwickelt sich ganz unzweifelhaft, und den Prozess seines Fortschritts können diejenigen sehr deutlich sehen, welche ihren hellseherischen Blick so weit entwickelt haben, um das erfassen zu können, was auf den höheren Stufe der Mentalebene vor sich geht. Aus der Materie dieser Ebene (wenn wir es wagen dürfen, diese noch Materie zu nennen) besteht der verhältnismäßig beständige Kausalkörper, welchen das Ego von Geburt zu Geburt bis zum Ende der menschlichen Stufe seiner Entwicklung beibehält. Aber obgleich jedes individualisierte Wesen notwendig einen solchen Körper haben muss, da der Besitz eines solchen die Individualisierung ausmacht, so ist sein Aussehen keineswegs in allen Fällen gleich. Im unentwickelten Durchschnittsmenschen können selbst solche, welche den Blick haben, der ihnen die Geheimnisse jener Ebene entschleiert, ihn kaum unterscheiden, denn er ist nur ein feines, farbloses Häutchen – anscheinend gerade genügend, um zusammenzuhalten und eine sich wiederverkörpernde Individualität zu bilden, aber nicht mehr.

Sobald aber der Mensch beginnt, seine Spiritualität oder auch nur seinen höheren Intellekt zu entwickeln, tritt eine Veränderung ein. Das wirkliche Individuum beginnt dann, einen dauernden eigenen Charakter zu besitzen, verschieden von dem, welcher sich in jeder seiner aufeinanderfolgenden Persönlichkeiten durch Erziehung und Umgebung bildet. Dieser Charakter zeigt sich in Größe, Farbe, Helligkeit und Bestimmtheit des Kausalkörpers gerade wie derjenige der Persönlichkeit im Verstandeskörper, abgesehen davon, dass dieses höhere Werkzeug natürlich von feiner Art und schöner ist.

Noch in einer anderen Hinsicht unterscheidet er sich glücklicherweise von den niedrigeren Körpern, und zwar dadurch, dass kein Unrecht irgendeiner Art sich durch ihn kundgeben kann. Auf dieser Ebene kann der schlechteste Mensch sich im Allgemeinen nur als eine unentwickelte Wesenheit darstellen, seine Laster können diese höhere Hülle nicht beschmutzen, selbst wenn er sich ihnen Leben auf Leben hingegeben hat. Sie können es nur schwieriger machen, darin die entgegengesetzten Tugenden zu entwickeln.

Andererseits wirkt Ausdauer auf dem rechten Weg sehr bald auf den Kausalkörper, und bei einem Schüler, welcher einige Fortschritte auf dem Geistigen Pfad gemacht hat, ist sein Anblick über alle irdischen Begriffe wundervoll und fein, während derjenige eines Adepten eine großartige Sphäre lebendigen Lichtes darstellt, deren strahlende Glorie kein Wort je beschreiben kann. Derjenige, der nur einmal ein so erhabenes Schauspiel wie dieses erschaut hat und der andererseits um sich herum Individuen erblickt, die sich auf allen Stufen der Entwicklung zwischen dieser und der des farblosen Häutchens des gewöhnlichen Menschen befinden, der kann über die Entwicklung des sich wiederverkörpernden Egos nie einen Zweifel verspüren!

Die Macht und damit der Einfluss, welchen das Ego über seine verschiedenen Werkzeuge ausübt, ist natürlich auf den Anfangsstufen nur klein. Weder sein Verstand noch seine Gefühle stehen vollständig unter seiner Herrschaft. Jeder Durchschnittsmensch unternimmt kaum eine Anstrengung, um sie zu beherrschen, sondern er lässt sich hin- und hertreiben, wie gerade seine niedrigen Gedanken oder Wünsche es ihm eingeben. Infolgedessen neigen im Schlaf die verschiedenen Teile des Mechanismus, die wir erwähnt haben, dazu, sich fast ganz nach Belieben und ohne Zusammenhang mit dem Ego zu betätigen. Die Stufe der Entwicklung ist deshalb einer der Faktoren, welche wir bei der Behandlung des Problems der Träume in Betracht zu ziehen haben.

Ebenfalls wichtiger ist es für uns, den Anteil festzustellen, welchen dieses Ego an der Bildung unserer Vorstellungen von äußeren Gegenständen hat. Wir müssen bedenken, dass es nur Eindrücke sind, welche die Schwingungen der Nervenfäden dem Gehirn überbringen, und es ist die Aufgabe des Egos, sie vermittels des Verstandes zu klassifizieren, sie in Verbindung und in die richtige Ordnung zu bringen.

Wenn ich zum Beispiel aus dem Fenster schaue und ein Haus und einen Baum erblicke, so erkenne ich sie sofort als das, was sie sind, obwohl der Bericht, den mir meine Augen überbringen, weit von einer solchen Erkenntnis zurückbleibt. Was wirklich vor sich geht, ist dies: Gewisse Lichtstrahlen – das sind in gewisser, spezieller Art schwingende Ätherströme – werden von diesen Gegenständen zurückgeworfen und treffen die Retina meines Auges, und die sensitiven Nervenfäden überbringen diese Schwingungen dem Gehirn. Aber was haben sie nun zu berichten? Die ganze Nachricht, die sie in Wirklichkeit mitzuteilen haben, ist, dass sich dort verschiedene, von mehr oder weniger bestimmten Umrissen begrenzte Farbflecken befinden. Der Verstand ist es, welcher aus früherer Erfahrung die Fähigkeit schöpft zu entscheiden, dass ein bestimmter viereckiger weißer Gegenstand ein Haus ist, ein anderer runder grüner dagegen ein Baum, und dass die beiden wahrscheinlich so und so groß und so und so weit von mir entfernt sind.

Eine Person, die blind geboren ist und durch eine Operation erst das Augenlicht erhalten hat, weiß eine Zeit lang nicht, was die Gegenstände sind, welche sie sieht, noch kann sie deren Abstand von ihr beurteilen. Dasselbe gilt von einem Säugling; denn wir sehen oft, dass er nach begehrenswerten Gegenständen, wie z. B. dem Mond, greift, welche weit aus seinem Bereich liegen. Aber wenn er größer wird, lernt er unbewusst, durch wiederholte Erfahrung, instinktiv die wahrscheinliche Entfernung und Größe der Dinge zu beurteilen, die er sieht. Aber selbst erwachsene Menschen können sehr leicht über die Entfernungen und infolgedessen über die Größe eines ungewöhnlichen Gegenstandes getäuscht werden, besonders bei unbestimmtem oder Dämmerlicht.

Wir begreifen also, dass das Sehen allein keineswegs zum genauen Verständnis genügt, sondern dass die Unterscheidungskraft des Egos über das Erblickte mittels des Verstandes ausgeübt werden muss. Wir sehen ferner, dass diese Unterscheidungskraft kein dem Verstand angeborener Instinkt ist, der gleich anfangs vollkommen ist, sondern dass sie das Resultat unbewussten Vergleiches zahlreicher Erfahrungen darstellt. Dies sind Punkte, welche wir sorgfältig im Auge behalten müssen, wenn wir zum nächsten Teil unseres Gegenstandes kommen.

IV. DER SCHLAFZUSTAND

Wiederholte Beobachtungen mittels hellsichtiger Forschung haben die Tatsache festgestellt, dass der Mensch, wenn er in tiefen Schlaf verfällt, seine höheren Prinzipien in ihrer astralen Hülle regelmäßig vom Körper trennt. Sie schweben dann in seiner unmittelbaren Nähe. Es ist gerade dieser Vorgang des Austretens, den wir gewöhnlich mit »einschlafen« bezeichnen. Bei der Betrachtung der Vorgänge des Traumes müssen wir daher diese geänderte Ordnung beachten und sehen, wie sie auf das Ego und seine verschiedenen Mechanismen wirkt.

In dem Fall, den wir prüfen wollen, nehmen wir also an, dass sich unsere Versuchsperson in tiefem Schlaf befindet (einschließlich jenes feineren Teiles von ihr, der oft das *ätherische Gegenstück* genannt wird) und ruhig im Bett liegt, während das Ego in seinem Astralkörper in gleichmäßiger Ruhe über ihr schwebt. Wie gestalten sich unter diesen Umständen der Zustand und das Bewusstsein der verschiedenen Prinzipien oder Teile des Menschen?

1. Das Gehirn

Wenn das Ego für diese Zeit auch darauf verzichtet hat, sein Gehirn unter Kontrolle zu halten, so verliert das letztere doch nicht ganz sein Bewusstsein, wie man vielleicht erwarten sollte. Es geht aus verschiedenen Versuchen hervor, dass der physische Körper eine Art eigenes dumpfes Bewusstsein besitzt, ganz gesondert von dem des wirklichen Selbst und von der bloßen Summe des Bewusstseins der einzelnen Zellen. Der Verfasser hat mehrere Male die Wirkung dieses Bewusstseins beobachtet, wenn jemandem nach einer Narkose ein Zahn gezogen wurde. Der Körper stieß einen undeutlichen Schrei aus, fuhr mit den Händen unwillkürlich nach dem Mund und zeigte dadurch klar an, dass er bis zu einem gewissen Grad den Ruck fühlte, und doch erklärte das Ego, wenn es etwa zwanzig Sekunden nachher wieder von ihm Besitz ergriff, es selbst habe absolut nichts von der Operation gefühlt. Ich weiß natürlich, dass solche Bewegungen gewöhnlich einer »Reflexwirkung« zugeschrieben werden und die Menschen gewohnt sind, diese Behauptung zu akzeptieren, als wäre sie eine wirkliche Erklärung – ohne zu erkennen, dass sie so, wie sie hier verwendet wird, eine bloße Phrase ist, die gar nichts erklärt.

Dieses Bewusstsein, wie es nun sein mag, ist also noch im physischen Gehirn tätig, obgleich das Ego über ihm schwebt, aber sein Begriffsvermögen ist natürlich weit schwächer als das des Menschen selbst. Infolgedessen ist alles, was, wie oben erwähnt, geeignet ist, auf die Tätigkeit des Gehirns zu wirken, jetzt in der Lage, einen weit stärkeren Einfluss auf dasselbe auszuüben. Die leiseste Änderung im Zufluss oder Umlauf des Blutes ruft jetzt die gewichtigsten Unregelmäßigkeiten in seiner Tätigkeit hervor. Daher kommt es, dass Verdauungsbeschwerden so häufig unruhigen Schlaf und böse Träume verursachen, da sie auf den Lauf des Blutes einwirken.

Aber auch wenn es nicht gestört wird, hat dieses seltsame, dumpfe Bewusstsein manche bemerkenswerte Eigentümlichkeiten. Seine Tätigkeit scheint in einem hohen Grade automatisch zu sein, und das Ergebnis ist gewöhnlich unzusammenhängend, sinnlos, ja hoffnungslos verwirrt. Es scheint unfähig, einen Gedanken zu fassen, außer in der Form einer Szene, in welcher es selbst als Mitspieler auftritt, und daher werden alle inneren und äußeren Reize sofort in wahrnehmbare Bilder übersetzt. Es ist unfähig, abstrakte Vorstellungen oder Erinnerungen als solche aufzufassen, sie werden augenblicklich zu imaginären Wahrnehmungen. Wenn man beispielsweise diesem Bewusstsein den Gedanken des Ruhmes suggerieren würde, so könnte dieser Gedanke nur als das Bild irgendeiner ruhmreichen Persönlichkeit, welche dem Träumer erscheint, in diesem Bewusstsein auftreten. Wenn irgendein Gedanke von Hass das Bewusstsein durchkreuzt, könnte dieser nur als eine Szene erfasst werden, in welcher irgendeine eingebildete Person heftigen Hass gegen den Schläfer zeigt.

Andererseits wird jede Richtung des Gedankens auf eine bestimmte Örtlichkeit für dieses Bewusstsein zu einer wirklichen Ortsveränderung. Wenn wir im Wachen an China oder Japan denken, ist unser Gedanke sozusagen sofort in diesen Ländern, aber trotzdem sind wir uns vollkommen bewusst, dass unser physischer Körper dort bleibt, wo er im Augenblick vorher war. In dem Zustand des Bewusstseins, den wir jetzt betrachten, ist jedoch kein kritisches Ego da, um die unmittelbaren Eindrücke ins Gleichgewicht zu bringen. Jeder vorübergehende Gedanke an China oder Japan kann sich nur als eine tatsächliche, augenblickliche Hinversetzung in diese Länder darstellen, und der Träumer glaubt, sich plötzlich dort zu befinden, umgeben von so vielen entsprechenden Umständen, wie er in Erinnerung hat.

Es ist schon oft bemerkt worden, dass solche plötzlichen Übergänge im Traum zwar sehr häufig vorkommen, dass aber der Schläfer von dieser Plötzlichkeit niemals überrascht erscheint. Diese Erscheinung ist leicht zu erklären, wenn wir sie im Licht der soeben angestellten Beobachtungen betrachten; denn das Bewusstsein des physischen Gehirns als solches kann kein derartiges Gefühl wie Überraschung empfinden. Es fängt einfach die Bilder auf, wie sie vor ihm erscheinen, kann aber nicht beurteilen, ob sie folgerichtig sind oder nicht.

Eine andere Quelle der außerordentlichen Verwirrung, welche wir in diesem Halbbewusstsein finden, ist die Art und Weise, wie das Gesetz der Gedanken-Verknüpfung in ihm wirkt. Die wunderbare momentane Wirkung dieses Gesetzes im Wachen ist uns allen bekannt. Ein einziges zufälliges Wort – auch eine Melodie oder der Geruch einer Blume – kann ausreichen, um eine Kette lang vergessener Tatsachen ins Gedächtnis zurückzurufen. Im Schlaf ist dieses Gesetz ebenso tätig, aber es wirkt unter seltsamen Beschränkungen. Jede solche Reihe von Gedanken, ob abstrakt oder konkret, wird zu einer bloßen Reihe von Bildern. Da nun die Assoziationen unserer Gedanken oft nur dadurch hervorgerufen werden, dass die betreffenden Ereignisse sich der Zeit nach aneinanderreihten, obwohl sie in sich gar keinen Zusammenhang miteinander hatten, so wird man leicht verstehen, dass eine unauflösbare Verwirrung in diesen Bildern die Folge sein muss; denn die Zahl derselben ist nahezu unbegrenzt, da alles, was nur aus dem riesigen Vorrat des Gedächtnisses entnommen werden kann, zum Bild wird. Selbstverständlich ist eine Reihenfolge solcher Bilder selten vollkommen ins Gedächtnis zurückzurufen, weil kein Zusammenhang vorhanden ist, um dabei zu helfen, gerade so, wie es leicht ist, im Wachen einen zusammenhängenden Satz oder den Vers eines Gedichtes auch bei nur einmaligem Hören im Gedächtnis zu behalten, während es ohne ein mnemotechnisches System fast unmöglich ist, einen bloßen Haufen sinnloser Wörter genau festzuhalten.

Eine andere Eigenart dieses merkwürdigen Gehirnbewusstseins ist es, dass es sich zwar auffallend empfänglich zeigt für die leisesten äußeren Einflüsse, wie Töne und Berührungen, diese aber bis zu einem unglaublichen Grad vergrößert und verzerrt. Alle Schriftsteller über Träume führen hierfür Beispiele an, und jeder wird ja gewiss selbst einige kennen, wenn er diesem Gegenstand etwas Aufmerksamkeit gewidmet hat. Es sei hier an einige häufig berichtete Traumgeschichten erinnert, so an die von dem Mann, der beängstigt träumte, er würde gehängt, weil sein Kragen zu eng war. Ein anderer übertrieb das Prickeln einer Nadel in einen verhängnisvollen Stich bei einem Duell; und noch ein anderer übersetzte ein leises Kneifen in den Biss eines wilden Tieres. Maury erzählt, dass ein Teil des Querstückes am Kopfende seines Bettgestelles sich löste, herabfiel und dabei leicht seinen Nacken berührte; dennoch rief diese leise Berührung einen schrecklichen Traum von der Französischen Revolution hervor, in welchem er glaubte, auf der Guillotine zu enden. Ein anderer Schriftsteller erzählte uns, dass er häufig aus dem Schlaf erwachte mit einer Erinnerung an verwirrte Träume, voll von Lärm, von lauten Tönen und donnerähnlichen Geräuschen, und dass er lange Zeit nicht imstande gewesen sei, deren Ursprung zu entdecken. Endlich habe er herausgefunden, dass sie aus dem summenden Geräusch im Ohr entstanden (welches vielleicht durch den Umlauf des Blutes hervorgerufen wird), während es auf dem Kissen liegt. Es ist ein Geräusch, das sehr an das ähnliche, aber lautere Brausen einer Muschel erinnert, wenn man sie an das Ohr hält.

Es wird jetzt einleuchten, dass allein schon aus dem körperlichen Gehirn viele Verwirrungen und Übertreibungen herstammen, die wir bei den Träumen finden, aber dabei handelt es sich nur um einen der Faktoren, die wir zu betrachten haben.

2. Das ätherische Gehirn

Man kann sich leicht vorstellen, dass dieser Teil des Organismus, welcher selbst während des Wachens auf jeden Einfluss reagiert, im Zustand des Schlafes noch empfänglicher sein muss.

Wenn ihn ein Hellsehender unter diesen Umständen untersucht, so sieht er, dass Ströme von Gedanken fortwährend durch ihn hindurchziehen, nicht seine eigenen Gedanken – denn er selbst hat keine Fähigkeit zu denken – sondern die zufälligen Gedanken anderer, welche immer um uns herumfluten.

Geisteswissenschaftliche Forscher sind sich einig in der Überzeugung, dass »Gedanken wirklich Dinge sind«, denn jeder Gedanke prägt sich der plastischen Elementalessenz ein und bringt vorübergehend ein lebendes Wesen zum Entstehen, dessen Lebensdauer von der Kraft des ihm gegebenen gedanklichen Antriebes abhängt. Wir leben sozusagen mitten in einem Ozean von Gedanken anderer Menschen, und ob wir schlafen oder wachen, sie bieten sich ununterbrochen unserem ätherischen Gehirn dar. Solange wir aktiv denken und daher unser ätherisches Gehirn voll beschäftigt halten, ist dieses praktisch unzugänglich für den fortwährenden Anstoß der Gedanken von außen, aber sobald wir es unbeschäftigt lassen, beginnt es der Strom des zusammenhanglosen Chaos zu durchfluten. Die meisten Gedanken strömen, ohne aufgenommen zu werden, nahezu unbemerkt hindurch, dann und wann kommt einer, welcher Schwingungen erweckt, an die das ätherische Gehirn gewöhnt ist. Sofort greift dieses Gehirn ihn auf, verstärkt ihn und macht ihn sich zu eigen. Dieser Gedanke regt seinerseits einen anderen an, und so entwickelt sich eine ganze Reihe von Vorstellungen, bis sie sich allmählich wieder auflösen und der unzusammenhängende, ziellose Strom wieder anfängt, durch das Gehirn zu ziehen. Wenn die große Mehrheit der Menschen genau beobachten würde, was sie gewöhnlich ihre Gedanken nennt, würde sie finden, dass sie zum großen Teil aus solchen zufälligen Gedankenströmen stammen: Es sind in Wahrheit gar nicht ihre Gedanken, sondern abgeworfene Gedankenbruchstücke anderer Menschen. Der gewöhnliche Mensch scheint gar keine Kontrolle über seine Gedanken zu haben. Er weiß kaum, an *was* er in einem bestimmten Augenblick denkt oder *weshalb* er daran denkt. Anstatt seinen Verstand auf irgendeinen bestimmten Punkt zu richten, erlaubt er ihm, nach seinem Belieben umherzuschwärmen, oder er lässt ihn brach liegen, so dass irgendein zufälliger Same, vom Wind herbeigeführt, keimen und zur Reife gelangen kann.

Die Folge davon ist, dass er erst dann, wenn er, das Ego, wirklich einmal wünscht, konsequent einen besonderen Gedanken zu durchdenken, bemerkt, wie völlig unmöglich es ihm ist. Alle Arten von Gedankenschwärmen strömen ungebeten auf ihn ein, und da er in der Kontrolle seines Verstandes ganz ungeübt ist, ist es ihm unmöglich, den Strom zu hemmen. Ein solcher Mensch weiß gar nicht, was ein konzentriertes Denken wirklich ist, und es ist gerade dieser äußerste Mangel an Konzentration, diese Schwäche des Verstandes und Willens, der die ersten Stufen der inneren Entwicklung für den Durchschnittsmenschen so schwierig macht. Da außerdem bei der heutigen Stufe der Entwicklung der Welt mehr schlechte als gute Gedanken in der Welt um ihn her fluten, so macht ihn diese Schwäche für alle Arten von Versuchungen zugänglich, denen er bei etwas Sorgfalt und Anstrengung gänzlich ausweichen könnte.

Im Schlaf ist also der ätherische Teil des Gehirns noch mehr als gewöhnlich diesen Gedankenströmen auf Gnade oder Ungnade ausgeliefert, da sich das Ego während dieser Zeit in weniger enger Beziehung mit ihm befindet. Eine merkwürdige Tatsache ergab sich aus einigen kürzlich angestellten Versuchen: Wenn durch irgendwelche Mittel dieser Teil des Gehirns gegen diese Ströme abgeschlossen wird, bleibt es nicht vollständig untätig, sondern fängt sehr langsam und träumerisch an, Bilder aus seinem eigenen Vorrat von Erinnerungen zu entwickeln. Ein Beispiel hierfür wird später angeführt werden, wenn einige dieser Versuche zur Besprechung kommen.

3. Der Astralkörper

Wie schon erwähnt, befindet sich das Ego während des Schlafes im Astralkörper, und diejenigen, deren inneres Auge geöffnet ist, können ihn gewöhnlich über dem im Bett liegenden physischen Körper schweben sehen. Sein Aussehen ist jedoch sehr verschieden, je nach der Stufe der Entwicklung, welche das Ego, zu dem er gehört, erreicht hat.

Beim gänzlich unentwickelten und ungebildeten Menschen ist es nur ein schwebender Nebelring von ungefähr eiförmiger Form, aber sehr unregelmäßigen und unbestimmten Umrissen, und die Gestalt innerhalb des Nebels (das dichter-astrale Gegenstück zum physischen Körper) ist ebenfalls verschwommen, wenn auch im Allgemeinen erkennbar. Er ist nur für die gröberen und heftigeren Schwingungen des Begehrens empfänglich und unfähig, sich weiter als einige Meter von seinem physischen Körper zu entfernen. Aber schreitet die Entwicklung fort, so wird der eiförmige Nebel in den Umrissen bestimmter, und die Gestalt in seinem Inneren wird mehr und mehr zu einem vollkommenen Ebenbild des physischen Körpers unter ihm. Seine Empfänglichkeit wächst gleichzeitig, bis er auf alle Schwingungen seiner Ebene, auf die feinen wie auch auf die unedlen, augenblicklich zu reagieren vermag, während sich natürlich im Astralkörper eines hoch entwickelten Menschen keine Materie mehr befindet, die noch grob genug ist, um auf die letzteren zu reagieren. Seine Fähigkeit, sich frei zu bewegen, wird ebenfalls größer. Er kann sich ohne Schwierigkeit auf beträchtliche Strecken von seinem physischen Gehäuse entfernen und kann mehr oder weniger bestimmte Eindrücke von Orten zurückbringen, die er besuchte, oder von Menschen, die er dort angetroffen hat. In allen Fällen ist dieser Astralkörper, wie immer, äußerst beeindruckbar durch alle Gedanken oder Anregungen, die ein Begehren in sich schließen, wenn auch in manchen Fällen jene Begierden, die am leichtesten einen Widerhall in ihm wachrufen, etwas höher sein mögen als in anderen.

4. Das Ego im Schlaf

So sehr sich auch der Zustand des Astralkörpers während des Schlafes je nach dem erreichten Grad der Entwicklung ändert – der des ihn bewohnenden Egos ändert sich noch mehr. Wo der Erstere nur ein schwebender Nebelring ist, schläft das Ego fast ebenso sehr wie der Körper unter ihm. Es ist blind für die Bilder und taub für die Stimmen seiner eigenen höheren Ebene, und selbst wenn ein Gedanke aus dieser Region zufällig zu ihm gelangen sollte, so würde es nicht imstande sein, ihn seinem physischen Gehirn einzuprägen, so dass es sich desselben beim Erwachen erinnert, da es keine Herrschaft über seine Mechanismen besitzt. Wenn ein Mensch in diesem primitiven Zustand sich an irgendetwas von dem erinnert, was ihm während des Schlafes widerfuhr, so ist dies fast ohne Ausnahme das Ergebnis physischer Eindrücke, welche das Gehirn von außen oder von innen erfahren hat. Irgendein etwaiges Erlebnis seines wirklichen Egos ist vergessen.

Bei Schlafenden kann man alle Grade des Bewusstseins auf der Astralebene beobachten, vom vollständigen Vergessen bis zum klaren, vollkommenen Erinnern, wenn auch letzteres naturgemäß verhältnismäßig selten ist. Selbst wenn ein Mensch genügend entwickelt ist, um öfter wichtige Erfahrungen in diesem höheren Leben zu machen, kann er doch (und wird er auch oft) nicht imstande sein, sein Gehirn so weit zu beherrschen, um den Strom unzusammenhängender Gedankenbilder zurückzudämmen und ihm statt dessen das einzuprägen, woran er sich zu erinnern wünscht. Beim Erwachen seines physischen Körpers wird er daher von dem, was er wirklich erlebt hat, nur eine sehr verworrene oder gar keine Erinnerung mehr haben. Dies ist sehr schade, denn er kann dort vielem begegnen, was für ihn von hohem Interesse und größter Wichtigkeit ist.

Nicht nur kann er entfernte Gegenden von überwältigender Schönheit besuchen, sondern er kann auch lebende oder abgeschiedene Freunde antreffen und mit ihnen Gedanken austauschen. Freunde, die auf der astralen Ebene ebenso erwacht sind wie er. Er kann das Glück haben, solche anzutreffen, die viel mehr wissen als er selbst, und er kann Warnungen und Belehrungen von ihnen empfangen. Er kann andererseits die günstige Gelegenheit haben, solchen zu helfen oder Freude bereiten zu können, welche weniger als er selbst wissen. Er kann in Berührung mit nichtmenschlichen Wesenheiten verschiedener Art kommen, – mit Naturgeistern, künstlichen Elementalen oder sogar, wenn auch selten, mit Devas. Er wird allen Arten von Einflüssen unterworfen sein, guten und schlechten, stärkenden und schreckenden.

5. Sein transzendentales Zeitmaß

Aber ob der Mensch beim Erwachen eine Erinnerung bewahrt oder nicht, das Ego, welches auf der astralen Ebene volles oder auch teilweises Bewusstsein besitzt, beginnt dann seinen Besitz von Kräften zu verwerten, der weit über denjenigen hinausgeht, über den es hier unten verfügt, denn sein Bewusstsein hat wunderbare Fähigkeiten, sobald es auf solche Weise vom physischen Körper befreit wird. Sein Zeit- und Raummaß ist so vollständig verschieden von dem, welches wir im wachen Dasein benutzen, dass es von unserem Gesichtspunkt aus erscheint, als wenn für ihn weder Zeit noch Raum existieren.

Obgleich es außerordentlich interessant wäre, will ich hier doch nicht die Frage behandeln, ob man sagen kann, dass überhaupt Zeit existiert oder ob sie nur eine Beschränkung dieses niederen Bewusstseins ist, vielleicht ist das, was wir Zeit nennen – Vergangenheit, Gegenwart und Zukunft – eigentlich nur »ein ewiges Jetzt«. Ich möchte nur zeigen, dass das Ego, wenn es von physischen Fesseln befreit ist, ob im Schlaf, in Trance oder im Tod, ein transzendentes Zeitmaß anzuwenden scheint, welches nichts mit unserem gewöhnlichen physiologischen gemein hat. Hundert Geschichten könnten als Beweis für diese Tatsache erzählt werden, zwei werden genügen. Die erste ist eine sehr alte. Ich glaube, sie wurde schon von Addison im »Spectator« berichtet. Die andere ist der Bericht eines Vorfalls, welcher sich erst vor kurzer Zeit zutrug und noch nie im Druck veröffentlicht wurde.

Es soll im Koran eine wunderbare Erzählung von einem Besuch geben, den der Prophet Mohammed eines Morgens dem Himmel machte. Er sah dort viele verschiedene Regionen, die ihm ausführlich erklärt wurden, und er hatte lange Gespräche mit verschiedenen Engeln; und doch war, als er in seinen Körper zurückkehrte, das Bett, von welchem er aufgestanden war, noch warm, und er sah, dass nur einige Sekunden verflossen waren. Ich glaube, das Wasser aus einem Krug, den er, als er sich auf seine Expedition begab, versehentlich umgestoßen hatte, war noch nicht zur Gänze ausgeflossen!

Addison erzählt nun weiter, dass es einem Sultan von Ägypten unmöglich gewesen sei, dies zu glauben, und er sogar so weit ging, seinem geistlichen Lehrer freimütig zu erklären, diese Geschichte könne nicht wahr sein. Der Lehrer, welcher ein mit dem Gesetz vertrauter großer Gelehrter war, dem wunderbare Kräfte zugeschrieben wurden, unternahm es auf der Stelle, den zweifelnden Monarchen zu überzeugen, dass die Erzählung wenigstens nicht unmöglich sei. Er ließ ein großes Gefäß mit Wasser bringen und bat den Sultan, den Kopf in das Wasser zu tauchen und ihn, so schnell er könne, wieder herauszuziehen. Der König steckte also seinen Kopf ins Wasser und fand sich zu seinem größten Erstaunen plötzlich an einem Ort, der ihm vollständig unbekannt war – an einer einsamen Küste am Fuß eines großen Berges. Nachdem die erste Verblüffung vorüber war, kam ihm der für einen orientalischen Herrscher natürlichste Gedanke – er vermutete, dass er verzaubert sei, und begann sofort, den Doktor wegen seines abscheulichen Verrates zu verfluchen. Jedoch die Zeit ging weiter, er wurde allmählich hungrig und kam zur Einsicht, dass es das Gescheiteste wäre, sich nach irgendwelchen Lebensmitteln in diesem fremden Land umzusehen.

Nachdem er einige Zeit umhergewandert war, fand er in einem Wald einige Leute beim Holzfällen und bat sie um Hilfe. Sie veranlassten ihn, ihnen bei der Arbeit zu helfen und nahmen ihn nachher mit sich in die Stadt, in der sie wohnten. Hier ließ er sich nieder, arbeitete mehrere Jahre, erwarb sich allmählich ein Vermögen und entschloss sich, eine reiche Frau zu heiraten. Mit ihr lebte er viele Jahre in glücklicher Ehe, in welcher er nicht weniger als vierzehn Kinder großzog. Aber nach ihrem Tod trafen ihn so viel Unglücksfälle, dass er in Not geriet und in alten Tagen wieder ein Holzhauer wurde. Als er eines Tages an der Küste entlangging, warf er seine Kleider ab und sprang in das Meer, um zu baden. Als er wieder herauskam und das Wasser abschüttelte, fand er zu seinem Erstaunen um sich herum seine alten Höflinge und seinen Lehrer aus alter, längst vergangener Zeit an seiner Seite und ein Gefäß mit Wasser vor sich. Es dauerte, wie man sich denken kann, eine Weile, bis er dahin gebracht werden konnte, zu glauben, dass alle diese Jahre der Abenteuer und Unglücksfälle nichts als der Traum eines Augenblicks gewesen sei, hervorgerufen durch die hypnotische Suggestion seines Lehrers, und er tatsächlich nur seinen Kopf ins Wasser getaucht und sofort wieder herausgezogen habe. Dies ist eine gute Erzählung, denn sie illustriert vortrefflich den Punkt, um den es sich hier handelt – aber wir haben natürlich keinen Beweis für ihre Wahrheit.

Ganz etwas anderes ist es jedoch mit einem Ereignis, das ein sehr bekannter Mann der Wissenschaft erst kürzlich erlebte. Er musste sich zwei Zähne ziehen lassen und atmete zu diesem Zweck ein Gas ein. Da er sich sehr für Probleme dieser Art interessierte, hatte er sich vorgenommen, sich sorgfältig seine Gefühle während der ganzen Operation zu merken. Aber als er das Gas eingeatmet hatte, kam eine solche Schläfrigkeit über ihn, dass er bald seine Absicht vergaß und in Schlaf zu sinken schien. Seiner Meinung nach stand er am anderen Morgen auf, ging an sein Tagewerk, führte seine gewöhnlichen Experimente aus und hielt Vorträge vor verschiedenen gelehrten Körperschaften. Alles verlief jedoch mit einem besonderen Gefühl verstärkter Kraft und Freude. Jeder Vortrag war ein bemerkenswerter Erfolg, jedes Experiment führte zu neuen, hervorragenden Entdeckungen. Dies ging so Tag für Tag, Woche für Woche, eine ganz beträchtliche Zeit hindurch. Er war sich ungewiss wie lange, bis er eines Tages, gerade als er eine Vorlesung in der Royal Society hielt, durch die unziemliche Bemerkung eines Anwesenden unangenehm gestört wurde, der sagte: »Jetzt ist alles vorbei.« Als er sich daraufhin umsah, was dies zu bedeuten habe, rief eine andere Stimme: »Sie sind alle beide heraus!« Da erst wurde ihm klar, dass er noch immer in dem Stuhl des Zahnarztes saß und diese Periode intensiven Lebens in nur wenigen Sekunden durcheilt hatte.

In keinem dieser Fälle, muss man festhalten, haben wir es mit einem gewöhnlichen Traum zu tun. Aber dieselbe Sache kommt fortwährend in gewöhnlichen Träumen vor, und es gibt genug Zeugnisse, welche dies beweisen. Steffens, einer der deutschen Autoren über dieses Thema, erzählt, wie er als Knabe neben seinem Bruder geschlafen und geträumt habe, dass er in einer einsamen Straße sei und irgendein schreckliches Ungetüm ihn verfolge. Unfähig, einen Laut auszustoßen, rennt er in großem Schrecken davon, bis er an eine Treppe kommt, auf der er sich umwendet; doch außer Atem vor Schrecken und vom starken Rennen wird er von dem Tier überwältigt und grässlich ins Bein gebissen. Er erwachte mit einem Schrei und fand heraus, dass sein Bruder ihn ins Bein gekniffen hatte.

Richers, ein anderer deutscher Schriftsteller, erzählt eine Geschichte von einem Mann, welcher durch das Abfeuern eines Schusses aufgeweckt wurde, der aber erst als Schluss eines langen Traumes auftrat, in welchem er Soldat geworden war, desertierte, schreckliche Schicksalsschläge erlitt, gefangengenommen, vor Gericht gebracht, verurteilt und schließlich erschossen wurde. Der ganze lange Traum wurde in dem kurzen Augenblick durchlebt, in dem er durch den Knall des Schusses aufgeweckt wurde. Ferner haben wir noch die Erzählung von einem Mann, der in Schlaf verfiel, während er eine Zigarette rauchte. Nachdem er ein ereignisreiches Leben von vielen Jahren geträumt hatte, wachte er auf und fand seine Zigarette noch in Brand. Man kann solche authentischen Fälle beliebig ergänzen.

6. Die Fähigkeit zu dramatisieren

Eine andere bemerkenswerte Eigentümlichkeit des Egos, außer seinem transzendenten Zeitmaß, geht aus einigen dieser Erzählungen hervor, und zwar seine Fähigkeit oder seine Gewohnheit der augenblicklichen Dramatisierung. Man beachte, dass in den Fällen des Schusses und des Kneifens, die soeben beschrieben wurden, der physische Vorfall, welcher die Person erweckte, als der Schlusseffekt eines Traumes erscheint, der sich scheinbar über einen beträchtlichen Zeitraum erstreckte, obgleich dieser Traum offensichtlich in Wirklichkeit erst durch den Vorfall hervorgerufen worden ist. Die *Nachricht* von diesem physischen Vorfall, einem Geräusch oder einer Berührung, muss von den Nerven dem Gehirn übermittelt werden, das erfordert einen gewissen Zeitraum – freilich nur den Bruchteil einer Sekunde, aber doch einen bestimmten Zeitbetrag, der berechenbar und durch außerordentlich feine Instrumente, wie sie bei modernen wissenschaftlichen Untersuchungen gebraucht werden, messbar ist. Das Ego ist, wenn es sich außerhalb des Körpers befindet, imstande, völlig ohne Zeitaufwand und ohne die Nerven zu benutzen, wahrzunehmen. Daher wird es um diesen Bruchteil einer Sekunde früher dessen gewahr, was vorfällt, als die Nachricht sein physisches Gehirn erreicht. In diesem kaum vorstellbaren Zeitraum scheint das Ego eine Art Drama oder eine Reihenfolge von Szenen zu komponieren, welche auf das Geschehnis hinleiten und sich zuspitzen, das erst den physischen Körper aufweckt. Wenn es nun im wachen Zustand durch die Organe dieses Körpers wieder eingeengt wird, ist es ihm unmöglich, in der Erinnerung zwischen dem Subjektiven und dem Objektiven zu unterscheiden. Es bildet sich deshalb ein, dass es im Traumzustand wirklich sein eigenes Drama durchlebt hat.

Diese Gewohnheit scheint jedoch nur dem spirituell verhältnismäßig unentwickelten Ego eigentümlich zu sein. Wenn die Entwicklung weiter fortschreitet und der eigentliche Mensch allmählich seine Stellung und seine Verantwortlichkeit verstehen lernt, überwindet er diesen kindlichen Sport. Es scheint, dass das noch nicht fortgeschrittene Ego jedes Ereignis, das zu seiner Kenntnis kommt, dramatisiert, gerade so, wie der primitive Mensch jede Erscheinung der Natur in die Form einer Mythe kleidet. Aber derjenige, welcher auf allen Ebenen ununterbrochenes Bewusstsein erlangt hat, ist so vollständig mit der Arbeit auf den höheren Regionen beschäftigt, dass er sich mit solchen Dingen nicht mehr abgibt – und deshalb träumt er auch nicht mehr.

7. Die Fähigkeit vorauszuschauen

Eine andere Folge des übernormalen Zeitmaßes des Egos ist jene, dass ihm bis zu einem bestimmten Grad eine Vorausschau möglich ist. Die Gegenwart, die Vergangenheit und bis zu einem gewissen Maße auch die Zukunft liegen offen vor ihm, wenn er sie zu lesen versteht. Das Ego sieht unzweifelhaft gelegentlich Begebenheiten im Voraus, welche für seine niedere Persönlichkeit von Interesse oder von Wichtigkeit sind, und es macht mehr oder weniger erfolgreiche Anstrengungen, sie ihr einzuprägen. Wenn wir die unglaublichen Schwierigkeiten hierbei, falls es sich um eine gewöhnliche Person handelt, in Betracht ziehen, dann ist es aus all diesen Gründen nicht zu verwundern, dass es so selten bei seinen Bemühungen Erfolg hat. Dies hängt mit der Tatsache zusammen, dass sie selbst wahrscheinlich noch nicht halb erweckt ist, kaum irgendeine Herrschaft über ihre verschiedenen Körper besitzt und deshalb nicht verhindern kann, dass die Botschaft verstümmelt, durch die Wogen ihrer Wünsche überdeckt oder durch die zufälligen Gedankenströme in seinem ätherischen Gehirn sowie durch leichte physische Störungen, welche ihren dichteren Körper betreffen, beeinflusst wird. Hin und wieder einmal bringt es aus dem Bereich des Schlafes einen vollständigen und zusammenhängenden Vorausblick von einem Ereignis mit zurück. Weit häufiger jedoch ist das Bild verzerrt und unkenntlich, während alles, was durchgedrungen ist, in einem unbestimmten Gefühl eines drohenden Unglücks besteht; und noch weit häufiger erreicht gar nichts den dichteren Körper.

Manchmal ist erklärt worden, dass es eine reine Koinzidenz sein muss, wenn diese Voraussicht eintrifft, denn wenn Ereignisse wirklich vorausgesehen werden könnten, müssten diese vorherbestimmt sein und es gäbe dann für den Menschen keinen freien Willen. Der Mensch besitzt aber unzweifelhaft einen freien Willen. Daher ist Voraussicht, wie schon erwähnt, nur bis zu einem gewissen Grade möglich. In den Angelegenheiten des Durchschnittsmenschen ist sie wahrscheinlich bis zu einem sehr großen Umfang möglich, da er noch keinen eigenen Willen entwickelt hat, der der Rede wert ist. Er ist daher weitgehend das Resultat der Umstände. Sein Karma bringt ihn in eine gewisse Umgebung, und deren Einwirkung ist so eindeutig der wichtigste Faktor in seiner Lebensgeschichte, dass sein zukünftiger Lebenslauf mit beinahe mathematischer Sicherheit vorhergesehen werden kann.

Wenn wir die große Zahl von Ereignissen betrachten, auf welche die Menschen durch ihre Handlungen nur wenig einwirken können, und auch die komplizierten und weitreichenden Beziehungen der Ursachen für diese Wirkungen, so wird es kaum verwundern, dass auf der Ebene, auf welcher die Wirkung aller jetzt in Tätigkeit befindlichen Ursachen sichtbar ist, ein sehr großer Teil der Zukunft mit ziemlicher Sicherheit, auch im Hinblick auf Einzelheiten, vorhergesagt werden kann. Es ist sehr oft bewiesen worden, dass dies geschehen kann, und zwar nicht durch prophetische Träume, sondern auch durch das zweite Gesicht der schottischen Hochländer und die Vorhersagen der Hellseher. Ebenso ist auf das Vorhersagen der Wirkungen aus Ursachen, die schon vorhanden sind, das ganze System der Astrologie aufgebaut.

Wenn es sich aber um ein entwickeltes Individuum, einen Menschen von Kenntnis und Willen, handelt, dann versagt das Prophezeien, denn jener ist nicht mehr der Sklave seiner Lebensumstände, sondern zu einem großen Teil ihr Meister. Es ist richtig, dass die Hauptereignisse seines Lebens durch sein vergangenes Karma vorausbestimmt sind; aber die Art, in welcher er sie auf sich einwirken lässt, die Weise, auf welche er ihnen begegnet und vielleicht den Sieg über sie davonträgt, das ist sein eigen – und das Resultat lässt sich höchstens als Wahrscheinlichkeit voraussagen. Seine Handlungen werden nun ihrerseits Ursachen, und so bilden sich Ketten von Ursachen und Wirkungen während seines Lebens, die durch die ursprüngliche Anordnung seines Karmas nicht vorgesehen waren und deshalb nicht mit einiger Genauigkeit vorhergesagt werden können.

Als analoger Fall kann ein einfaches Experiment aus der Mechanik angeführt werden. Wenn mit einer gewissen Kraft eine Kugel ins Rollen gebracht wird, so können wir auf keine Weise die Kraft zerstören oder abschwächen, wenn die Kugel einmal im Laufen ist, aber wir können dieser Bewegung entgegenwirken oder sie verändern durch die Anwendung einer neuen Kraft in eine andere Richtung. Eine gleich große Kraft, welche auf die Kugel in genau entgegengesetzter Richtung einwirkt, bringt sie vollständig zum Stillstand; eine geringere Kraft verringert die Geschwindigkeit; eine von der Seite einwirkende Kraft wird sowohl die Richtung als auch die Geschwindigkeit verändern.

Ebenso ist es mit der Auswirkung des Schicksals. Es ist klar, dass in jedem gegebenen Augenblick eine gewisse Menge von Ursachen in Tätigkeit sind, welche, wenn sie ungestört bleiben, unabwendbar bestimmte Wirkungen hervorrufen. Wirkungen, die auf höheren Ebenen schon gegenwärtig scheinen und deshalb genau beschrieben werden können. Aber es ist auch klar, dass ein Mensch mit starkem Willen diese Folgen weitgehend abändern kann, wenn er neue Kräfte zur Auswirkung bringt, und diese Abänderungen können von einem gewöhnlichen Hellseher nicht vorhergesehen werden, ehe die neuen Kräfte in Bewegung gesetzt sind.

8. Beispiele für die Anwendung des Vorausschauens

Zwei Vorfälle, welche kürzlich zur Kenntnis des Verfassers kamen, können als ausgezeichnete Illustrationen dienen für die Möglichkeit sowohl des Voraussehens als auch der Abänderung des Geschauten durch einen entschlossenen Willen.

Ein Mann, dessen Hand oft zum automatischen Schreiben benutzt wurde, erhielt auf diesem Weg eines Tages eine Mitteilung, vorgeblich von einer ihm bekannten Dame, in welcher diese ihm klagte, sie sei in einer peinlichen Lage. Sie habe Vorbereitungen getroffen, um einen Vortrag zu halten, und nun hätte sich zur festgesetzten Zeit niemand eingefunden, so dass sie nicht in der Lage gewesen sei, ihren Vortrag zu halten. Als er einige Tage darauf mit der Dame zusammentraf, drückte er ihr, da er annahm, der Brief habe sich auf ein vergangenes Ereignis bezogen, sein Bedauern über diese Enttäuschung aus. Sie erklärte überrascht, dass das, was er sagte, sehr sonderbar sei, denn sie habe zwar ihren Vortrag bis jetzt noch nicht gehalten, solle dies aber nächste Woche tun – hoffentlich würde sich der Brief nicht als Prophezeiung erweisen. So unwahrscheinlich ein solches Vorkommnis scheint, er erwies sich tatsächlich als Prophezeiung, denn kein Zuhörer kam. Die Vorlesung wurde nicht gehalten, die Rednerin war sehr missgestimmt und in Verlegenheit, genau wie die Botschaft vorhergesagt hatte. Es ist nicht ersichtlich, welche Art Wesen das Schreiben inspiriert hatte, aber es war augenscheinlich ein solches, welches sich auf einer Ebene bewegte, wo Voraussicht möglich ist. Es mag wirklich, wie es behauptete, das Ego der Rednerin gewesen sein, welches ihre Enttäuschung durch Vorbereitung darauf abschwächen wollte.

Bei anderer Gelegenheit erhielt derselbe Mann auf demselben Weg einen Brief, angeblich von einer befreundeten Dame, in welchem sie ihm eine lange und traurige Geschichte über ihr Leben in letzter Zeit berichtete. Sie gab an, sie sei in großer Verlegenheit. Die Schwierigkeit stamme ursprünglich aus einer Unterredung mit einer gewissen Person (die sie im Einzelnen wiedergab), in deren Verlauf sie sehr gegen ihr eigentliches Gefühl zu einer bestimmten Handlungsweise veranlasst wurde. Sie beschrieb weiter, wie etwa ein Jahr später eine Reihe von Ereignissen eintrat, welche deutlich als Folgen dieser Handlungsweise erkennbar waren und die schließlich in der Verübung eines schrecklichen Verbrechens gipfelten, das für immer ihr Leben verdüsterte.

Wie beim ersten Fall, traf der Herr bald darauf die Dame, von welcher der Brief vermeintlich ausgegangen war, und er erzählte ihr den Inhalt. Sie wusste gar nichts von einer solchen Geschichte, und obgleich die Genauigkeit der angegebenen Umstände großen Eindruck auf sie machte, kamen sie doch zu der Ansicht, dass nichts daran wäre. Einige Zeit darauf fand die in dem Brief vorausgesagte Unterredung zu ihrem größten Erstaunen tatsächlich statt, und sie wurde beschworen, eben das zu tun, dessen schreckliche Folgen ihren Schatten vorausgeworfen hatten. Ohne die Erinnerung an die Prophezeiung würde sie ihrem eignen Urteil zum Trotz sicher nachgegeben haben; diese aber vor Augen behaltend, widerstand sie in entschiedenster Weise, obwohl ihre Stellungnahme den Freund, mit dem sie sprach, überraschte und ihm Schmerzen bereitete. Da sie sich auf die im Brief angegebene Handlungsweise nicht eingelassen hatte, kam die Zeit der angegebenen Katastrophe herbei, ohne dass etwas Ungewöhnliches vorfiel.

Man könnte sagen, es würde andernfalls auch nichts vorgefallen sein, das wäre möglich; und doch, wenn man bedenkt, wie genau sich die andere Voraussagung erfüllte, so hat man doch das Gefühl, dass die Warnung durch dieses Schreiben wahrscheinlich ein Verbrechen verhinderte. Wenn dem so war – so ist dies ein gutes Beispiel, wie unsere Zukunft durch die Ausübung eines entschlossenen Willens abgeändert werden kann.

9.   Das Denken in Symbolen

Noch ein anderer Punkt ist in Beziehung auf den Zustand des Egos, wenn es sich während des Schlafes außerhalb des Körpers befindet, der Erwähnung wert, nämlich dass es in Symbolen zu denken scheint. Dies bedeutet, dass eine Vorstellung, die hier unten, um sie auszudrücken, vieler Worte bedarf, sich ihm durch ein einziges symbolisches Bild vollkommen mitteilt. Wenn nun ein solcher Gedanke dem Gehirn eingeprägt wird, so dass es sich desselben im Wachbewusstsein erinnert, so muss er natürlich übersetzt werden. Oft führt der Verstand diese Aufgabe richtig aus, aber manchmal wird das Symbol ohne Schlüssel in der Erinnerung behalten, es geht sozusagen unübersetzt hindurch, und dann entsteht Verwirrung. Viele bringen so ganz gewohnheitsgemäß die Symbole hindurch und versuchen hier unten eine Deutung. In diesen Fällen scheint jeder ein eigenes System der Symbologie für sich zu haben.

In dem Buch »The Night Side of Nature« berichtet N. Crowe von einer Frau, die im Traum einen großen Fisch sah, so oft ein Unglücksfall drohte. Eines Tages träumte sie, dass dieser Fisch zwei Finger ihres kleinen Sohnes abgerissen hätte. Unmittelbar danach verletzte ein Schulkamerad des Kindes eben diese Finger dadurch, dass er mit einem Beil nach ihm schlug. Das Buch fährt fort: »Ich bin verschiedenen Personen begegnet, die durch Erfahrung lernten, einen bestimmten Traum als sichere Vorhersage eines kommenden Unheils zu betrachten.« Es gibt jedoch einige Punkte, in denen die meisten Träumer übereinstimmen, so zum Beispiel, dass das Träumen von tiefem Wasser kommende Schwierigkeiten bedeutet und Perlen ein Zeichen von Tränen sind.

10. Die Faktoren bei der Entstehung des Traumes

Nachdem wir so die Zustände des Menschen während des Schlafes untersucht haben, sehen wir, dass es folgende Faktoren sind, die sich an der Entstehung der Träume beteiligen.

a) Das Ego, das sich in jedem Grad des Bewusstseins befinden kann, von äußerster Unempfindlichkeit bis zur vollkommenen Herrschaft über seine Fähigkeiten. Nähert es sich dem letzteren Zustand, so erringt es eine immer vollständigere Beherrschung bestimmter Kräfte, welche diejenigen weit übertreffen, welche die meisten von uns im Wachen besitzen.

b) Der Astralkörper, immer mit den wilden Wogen von Emotion und Begehren pulsierend.

c) Der ätherische Teil des Gehirns, mit einer endlosen Reihenfolge vorbeiziehender unzusammenhängender Bilder.

d) Das dichtere physische Gehirn, mit seinem kindlichen Halbbewusstsein und seiner Gewohnheit, jeden Reiz in eine bildliche Gestalt umzuformen.

Wenn wir einschlafen, zieht sich unser Ego weiter in sich selbst zurück und lässt seine verschiedenen Hüllen freier als sonst ihre eigenen Wege gehen. Aber wir müssen bedenken, dass das eigene Bewusstsein dieser Hüllen, wenn es so Gelegenheit erhält sich zu zeigen, sehr unentwickelt ist. Dazu kommt noch, dass jeder dieser Faktoren dann unendlich empfänglicher für Eindrücke ist als gewöhnlich. Wir haben also wenig Grund, uns zu wundern, dass die Erinnerung, das Resultat aller verschiedenen Tätigkeiten, beim Erwachen meistens etwas verworren ist. Lassen Sie uns jetzt sehen, wie die verschiedenen Traum-Arten von diesen dargelegten Gesichtspunkten aus zu beurteilen sind.

V. TRÄUME

1. Echte Visionen

Dies ist ein Vorkommnis, welches eigentlich gar nicht als Traum
anzusehen ist und bei dem das Ego selbst auf einer höheren Ebene der Natur eine Tatsache sieht oder diese ihm von einer fort-
geschritteneren Wesenheit eingeprägt wird. Jedenfalls wird ihm
irgendeine Tatsache, die zu wissen für diesen Menschen wichtig
ist, oder eine erhabene, veredelnde Vision, die ihn ermutigt und
stärkt, bewusst gemacht. Glücklich derjenige, dem eine solche
Vision mit hinreichender Klarheit erscheint, um durch alle Hindernisse hindurchdringen und sich fest in seine wache Erinnerung einprägen zu können.

2. Der prophetische Traum

Diesen müssen wir auch ausschließlich dem Wirken des Egos
zuschreiben, welches entweder selbst voraussieht oder dem eine
zukünftige Begebenheit mitgeteilt wird, auf die es sein niederes
Bewusstsein vorzubereiten wünscht. Solch ein Traum kann die
verschiedensten Grade von Klarheit und Genauigkeit aufweisen,
je nach der Fähigkeit des Egos, die Tatsachen selbst aufzufassen
und diese dann dem physischen Gehirn einzuprägen.

Manchmal ist die geträumte Begebenheit ernsten Charakters,

wie etwa ein Tod oder ein Unglück, so dass der Beweggrund für das Ego, sie dem Träumenden einzuprägen, auf der Hand liegt. In anderen Fällen jedoch ist das vorhergesagte Ereignis anscheinend unwichtig, und es fällt uns schwer zu begreifen, weshalb das Ego sich damit irgendwelche Mühe gibt. Natürlich ist es immer möglich, dass in einem solchen Fall die erinnerte Tatsache nur eine unbedeutende Einzelheit aus einer weit umfangreicheren Vision ist, deren übrige Bestandteile nicht bis zum physischen Gehirn hindurchgekommen sind.

Oft ist die Prophezeiung ersichtlich als eine Warnung aufzufassen, und es fehlt nicht an Beispielen, dass diese Warnung beachtet und der Träumende dadurch vor Schaden oder Tod behütet wurde. In den meisten Fällen wird der Wink allerdings nicht beachtet oder seine wahre Bedeutung nicht erkannt, bis dann die Erfüllung eintritt. In anderen wiederum wird ein Versuch gemacht, dem Rat zu folgen, aber trotzdem bringen Umstände, auf die er keinen Einfluss hat, den Träumer trotz seiner Gegenbemühungen in die vorher verkündete Situation.

Erzählungen von solchen prophetischen Träumen gibt es so viele, dass der Leser sie leicht in den Büchern finden wird, die solche Gegenstände behandeln. Ich führe hier ein kürzlich berichtetes Beispiel aus W. T. Stead's *Real Ghost Stories* (Wahrhafte Geistergeschichten) an.

Der Held der Geschichte war ein Schmied, der in einer Mühle arbeitete, die durch ein Wasserrad angetrieben wurde. Er wusste, dass das Rad reparaturbedürftig war, und träumte eines Nachts, wie am Ende des nächsten Arbeitstages der Werkführer ihn zurückhielt, damit er das Rad repariere. Sein Fuß glitt jedoch aus, geriet zwischen die beiden Räder und wurde so verletzt, dass er amputiert werden musste. Am nächsten Morgen erzählte der Schmied seiner Frau den Traum und nahm sich vor, am Abend früh heimzugehen, um nicht zu der Reparaturarbeit gerufen werden zu können.

Während des Tages kündigte der Werkführer an, dass das Rad repariert werden müsse, wenn die Arbeiter am Abend fort seien, aber der Schmied beschloss, sich vor Feierabend wegzustehlen. Er floh in einen Wald in der Nachbarschaft und nahm sich vor, sich dort im Dickicht zu verbergen. Er kam an einen Ort, wo Bauholz, das der Mühle gehörte, gelagert war und bemerkte, dass ein Bursche einige Stück Holz von dem Vorrat stehlen wollte. Nun verfolgte er ihn, um ihm das gestohlene Eigentum wieder abzujagen, und kam dabei so in Eifer, dass er sein Vorhaben ganz vergaß, und ehe er es vermutete, befand er sich wieder bei der Mühle, gerade als die Arbeiter sie verließen.

Er konnte nun nicht unbemerkt bleiben, und da er der erste Schmied war, musste er auf das Rad steigen; aber er nahm sich vor, ganz besonders vorsichtig zu sein. Doch trotz aller Vorsicht glitt sein Fuß aus und kam zwischen die beiden Räder, gerade so, wie er es geträumt hatte. Er wurde so arg zermalmt, dass er ins Krankenhaus nach Bradford gebracht werden musste, wo das Bein oberhalb des Knies abgenommen wurde. So erfüllte sich der prophetische Traum ganz genau.

3. Der symbolische Traum

Auch dieser ist das Werk des Egos. Er mag als eine weniger erfolgreiche Variante der vorhergehenden Klasse angesehen werden, denn er ist nur ein unvollkommen ausgefallener Versuch, eine Nachricht in Bezug auf die Zukunft zu übermitteln.

Ein gutes Beispiel dieser Art von Träumen beschreibt Sir Noel Paton in einem Brief an Mrs. Crowe, die ihn in »The Night Side of Nature« (Die Nachtseite der Natur) veröffentlichte. Der große Künstler schreibt:

»Der Traum meiner Mutter war folgender: Sie stand in einer langen, dunklen, leeren Galerie, an einer Seite befand sich mein

Vater, an der anderen meine älteste Schwester, dann ich selbst und dann die übrigen Familienmitglieder, nach dem Alter geordnet. Wir alle standen still und bewegungslos. Endlich kam es herein – das unerwartete Etwas, das durch seinen grimmigen Schatten, den es vor sich herwarf, alle Trivialitäten des vorhergehenden Traumes in eine Atmosphäre starren Schreckens einhüllte. Es trat ein, stieg unhörbar die drei Stufen herunter in die Kammer des Entsetzens, und meine Mutter fühlte, dass es der Tod sei.

Er trug auf seiner Schulter eine schwere Axt, und sie dachte, er sei gekommen, alle ihre Kleinen mit einem grausamen Streich niederzuschmettern. Beim Nahen des Schattens sprang meine Schwester Alexandra aus der Reihe und warf sich zwischen ihn und die Mutter. Er erhob seine Axt und zielte einen Schlag nach meiner Schwester Katharina – einen Schlag, den meine Mutter zu ihrem Schrecken nicht aufhalten konnte, obgleich sie zu diesem Zweck einen dreibeinigen Stuhl ergriffen hatte. Sie fühlte, sie könne den Stuhl nicht nach der Gestalt schleudern, ohne Alexandra zu treffen, die zwischen ihr und der Schreckensgestalt hin und her schoss.

Die Axt fiel herab, und die arme Katharina sank getroffen hin.

Erneut hob die unerbittliche Gestalt die Axt, diesmal über dem Kopf meines Bruders, der der Nächste in der Reihe war. Aber jetzt war Alexandra irgendwie hinter dem grausigen Gast verschwunden, und mit einem Aufschrei schleuderte meine Mutter den Stuhl gegen seinen Kopf. Er verschwand, und meine Mutter erwachte.

Drei Monate waren verflossen, als wir Kinder vom Scharlachfieber ergriffen wurden. Meine Schwester Katharina starb fast sofort – geopfert, wie meine Mutter in ihrem Jammer meinte, ihrer (der Mutter) Überängstlichkeit um Alexandra, die in viel größerer Gefahr zu schweben schien. Der prophetische Traum war zum Teil in Erfüllung gegangen.

Ich selbst war auch an der Schwelle des Todes – aufgegeben von den Ärzten, aber nicht von meiner Mutter. Sie glaubte sicher an meine Genesung. Aber für meinen Bruder fürchtete sie umso mehr, obwohl sein Zustand kaum für gefährlich galt. Aber sie hatte die visionäre Axt über seinem Kopf schweben sehen. Sie konnte sich nicht genau erinnern, ob der Hieb auf ihn niedergesaust war oder nicht, als die Erscheinung verschwand. Mein Bruder erholte sich, hatte aber einen Rückfall und kam schließlich gerade noch mit dem Leben davon, aber Alexandra nicht. Ein Jahr und zehn Monate kränkelte das arme Kind. Ich hielt ihre kleine Hand, als sie starb. – So erfüllte sich der Traum.«

Es ist merkwürdig, wie genau die Einzelheiten des symbolischen Erlebnisses sich verwirklichten, von der vermuteten Opferung Katharinas für Alexandra bis zu der Verschiedenheit ihres Todes.

4. Der lebhafte, zusammenhängende Traum

Dieser ist manchmal eine mehr oder weniger genaue Erinnerung an eine wirkliche astrale Erfahrung, die das Ego auf seiner Wanderung außerhalb des physischen Körpers gemacht hat. Häufiger jedoch ist es die Dramatisierung eines unbedeutenden physischen Berührungs- oder Toneindrucks oder eines zufällig vorbeiziehenden und aufgefangenen Gedankens durch das Ego.

Beispiele dieser letzteren Art Träume sind schon angeführt worden, und es gibt auch viele von der vorhergehenden Art. Wir könnten hier als Beispiel noch eine Anekdote hinzufügen, die Andrew Lang in »Dreams and Ghosts« (Träume und Geister) erwähnt. Sie betrifft den hervorragenden französischen Arzt Dr. Brierre de Boismont, der sie aus eigener genauer Kenntnis erzählt.

»Fräulein C., eine sehr feinfühlende Dame, lebte vor ihrer Verheiratung im Hause ihres Onkels D. – eines berühmten Arztes und Mitgliedes des Instituts. Ihre Mutter weilte zurzeit auf dem Land und war ernstlich erkrankt. Eines Nachts träumte das junge Mädchen, dass sie ihre Mutter sähe, bleich und dem Tode nah und besonders sich grämend über die Abwesenheit zweier ihrer Kinder; des einen, der als Geistlicher in Spanien weilte, und des anderen (ihrer selbst) in Paris.

Sodann hörte sie ihren Taufnamen »Charlotte« rufen und sah (im Traum), wie Leute ihre eigene kleine Nichte, ihr Patenkind Charlotte, aus dem anstoßenden Zimmer zur Mutter brachten. Die Patientin gab durch ein Zeichen kund, dass sie nicht diese Charlotte sehen wollte, sondern ihre Tochter in Paris. Sie zeigte sich zutiefst betrübt, wechselte die Farbe, sank zurück und starb.

Am nächsten Tag wurde ihr Onkel auf ihre melancholische Stimmung aufmerksam. Sie erzählte ihm ihren Traum, und er gestand, dass ihre Mutter gestorben sei. Einige Monate später, als ihr Onkel einmal abwesend war, ordnete sie seine Papiere, die er ungern von jemandem berühren ließ. Unter diesen war ein Brief, der einen Bericht über den Tod ihrer Mutter enthielt und der alle Einzelheiten, gerade sowie in ihrem Traum, erzählte. D. hatte diesen Brief geheimgehalten, weil er glaubte, er würde sie zu schmerzlich erregen.

Manchmal bezieht sich ein hellsehender Traum auf viel unwichtigere Dinge als einen Tod, wie im folgenden Fall, den Dr. F. G. Lee in »Glimpses in the Twilight« (Lichtblicke im Zwielicht) anführt. Eine Mutter träumt, dass sie ihren Sohn auf einem merkwürdig gestalteten Schiff sieht, wie er am Fuß einer Leiter steht, die auf ein höheres Deck führt. Er sieht äußerst blass und müde aus und sagt in ernstem Ton zu ihr: »Mutter, ich kann nirgends schlafen.« Nach entsprechender Zeit kommt ein Brief von ihrem Sohn an, in welchem er eine Skizze des merkwürdigen Schiffes gibt, die auch die Leiter zeigt, die auf das höhere Deck führt. Er beschreibt auch, wie an einem bestimmten Tag (dem Tag ihres Traumes) ein Sturm beinahe ihr Schiff zerschellt und sein Bett vollständig durchnässt habe, und der Bericht schließt mit den Worten: »Ich konnte nirgends schlafen.«

Es ist ganz klar, dass in beiden Fällen die Träumenden, durch Gedanken der Liebe und Sorge gezogen, wirklich in ihrem Astralkörper während des Schlafes zu denen hingewandert sind, an deren Schicksal sie so stark interessiert waren und einfach Zeugen der verschiedenen Vorkommnisse wurden, als sie sich abspielten.

5. Der verwirrte Traum

Dieser bei weitem gewöhnlichste Traum kann, wie schon ausgeführt, auf verschiedene Weise entstehen. Er kann eine mehr oder weniger vollkommene Erinnerung an eine Reihe der unzusammenhängenden Bilder und unmöglichen Umgestaltungen sein, welche durch die sinnlose automatische Tätigkeit des dichtphysischen Gehirns hervorgerufen worden sind. Er kann aber auch ein Abbild des Stromes zufälliger Gedanken sein, welcher durch das ätherische Gehirn zog. Wenn irgendwelche sinnlichen Bilder sich in den Traum mischen, rührt dies von der stets rastlosen Flut irdischen Begehrens her, wahrscheinlich von einem unsauberen Einfluss aus der astralen Welt aufgelöst. Der Traum kann auch ein unvollkommener Versuch der Dramatisierung seitens eines unentwickelten Egos sein. Meistens ist er die Folge einer unentwirrbaren Mischung aller dieser Einflüsse zusammen. Die Art und Weise, wie eine solche Vermischung vor sich geht, wird vielleicht klarer werden, wenn ich von einigen Versuchen über Traumzustände berichte, welche kürzlich in der Londoner Loge der Theosophischen Gesellschaft mit Hilfe einiger hellsehender Forscher unter ihren Mitgliedern angestellt wurden.

VI. EXPERIMENTE ÜBER DEN TRAUMZUSTAND

Der spezielle Zweck der hier zum Teil wiedergegebenen Untersuchungen war es, zu erforschen, ob es möglich sei, dem Ego einer schlafenden Person ein Bild hinreichend einzuprägen, um es ihr zu ermöglichen, sich der Umstände beim Erwachen zu erinnern. Außerdem sollte versucht werden, so weit als möglich herauszufinden, welche Hindernisse einer solchen Erinnerung gewöhnlich im Wege stehen.

Der erste Versuch wurde mit einem einfachen Menschen von wenig Bildung und grobem Äußeren angestellt, einem Mann, dessen Astralkörper, der über seinem Körper schwebte, kaum mehr als ein formloser Nebelring war. Das Bewusstsein des im Bett liegenden Körpers, des dichteren wie auch des ätherischen, zeigte sich dumpf und schwerfällig. Das Erstere antwortete bis zu einem gewissen Grad auf äußere Reize, so erregte das Besprengen seines Gesichtes mit ein paar Tropfen Wasser (wenn auch etwas langsam) im Gehirn das Bild eines heftigen Regenschauers. Das ätherische Gehirn ließ dagegen wie gewöhnlich passiv einen endlosen Strom unzusammenhängender Gedanken durchpassieren, obgleich es nur selten auf einige der Schwingungen, die sie erzeugten, reagierte, aber auch dies, wie es schien, in ziemlich träger Weise. Das Ego, das darüber schwebte, befand sich in einem unentwickelten und halb unbewussten Zustand, aber die astrale Hülle zeigte, wenn sie auch formlos und ohne feste Umrisse war, eine beträchtliche Aktivität.

Auf einen schwebenden Astralkörper kann ein bewusster Gedanke einer anderen Person jederzeit mit kaum glaublicher Leichtigkeit einwirken. In diesem Fall wurde der Versuch gemacht, ihn auf einige Entfernung von dem Körper, der im Bett lag, fortzuziehen. Das Ergebnis war jedoch, dass bei einer Entfernung von mehr als einigen Metern sich in beiden Körpern ein deutliches Unbehagen zeigte. Man musste daher den Versuch aufgeben, da augenscheinlich jedes weitere Fortziehen den Mann aufgeweckt haben würde, und zwar wahrscheinlich im Zustand großen Schreckens.

Dann wurde eine tropische Landschaft gewählt – eine großartige Aussicht von der Spitze eines Berges – und ein lebhaftes Bild von ihr wurde durch den Experimentator in das verträumte Bewusstsein des Egos projiziert, welches es aufnahm und betrachtete, wenn auch in dumpfer, apathischer sowie gleichgültiger Art und Weise. Nachdem dieses Bild ihm einige Zeit vor Augen gehalten worden war, wurde der Mann aufgeweckt, um zu sehen, ob er sich dessen als Traum erinnere. Sein Gedächtnis hatte jedoch nicht eine Spur von dem Bild behalten, und außer einigen Wünschen sehr irdischer Art hatte er aus dem Schlaf überhaupt keine Erinnerung mitgebracht.

Man nahm an, dass vielleicht der konstante Strom von Gedankenformen aus der Außenwelt, welche durch das Gehirn fluten, ein Hindernis sein könne. Dieser könnte es vielleicht so ablenken, dass es für die Einflüsse der höheren Prinzipien unempfänglich würde. Es wurde deshalb, als der Mann wieder eingeschlafen war, eine magnetische Schutzwand um seinen Körper herum hergestellt, um den Zutritt dieses Stromes zu verhindern. Dann wurde der Versuch wiederholt. Der gewohnten Nahrung auf diese Weise beraubt, begann das Gehirn sehr langsam und träumerisch aus sich selbst heraus Szenen aus dem vergangenen Leben des Mannes auszumalen. Aber als er wieder geweckt wurde, war das Resultat genau dasselbe: Das Gedächtnis war in Bezug auf die Landschaft vollständig leer, obgleich er eine unbestimmte Ahnung davon besaß, dass er von Begebenheiten seines vergangenen Lebens geträumt hatte. Man verzichtete deshalb auf weitere Versuche mit dieser Person. Es war klar, dass sein Ego zu wenig entwickelt und sein kamisches Prinzip[7] zu stark war, um irgendeinen Erfolg wahrscheinlich zu machen.

Ein anderer, späterer Versuch mit demselben Mann war nicht ganz so erfolglos. Das Bild, welches ihm diesmal vorgehalten wurde, war eine aufregende Kriegsszene, die für einen Mann seines Typus mutmaßlich packender war als eine Landschaft. Dieses Bild wurde auch unzweifelhaft von diesem unentwickelten Ego mit größerem Interesse aufgenommen als das andere, und doch – als der Mann erwachte, war alles fort. Nur eine ganz unbestimmte Vorstellung war geblieben, dass er gefochten hatte, aber wo und weshalb, war vollständig vergessen worden.

Als nächste Versuchsperson wurde ein Mann von viel höherem Typus genommen – ein Mann von moralischer Lebensweise, guter Erziehung, intelligent, menschenfreundlich, von weitem Gesichtskreis und hohem Ehrgeiz. In diesem Fall reagierte der dichtere Körper augenblicklich auf die Wasserprobe mit dem großartigen Bild eines schrecklichen Gewittersturmes, was wiederum aufgrund seiner Rückwirkung auf den ätherischen Teil des Gehirns durch Assoziation eine ganze Reihe von lebhaft dargestellten Szenen hervorrief. Als diese Störung vorüber war, fing der gewöhnliche Strom von Gedanken wieder an durchzufluten, aber man konnte deutlich wahrnehmen, dass ein viel größerer Teil dieser Gedanken eine Antwort in diesem Gehirn weckte. Auch die antwortenden Schwingungen waren viel stärker, weshalb in jedem solchen Fall eine Kette von Assoziationen in Gang gesetzt wurde, welche manchmal den Strom von außen für eine beträchtliche Zeit ausschlossen.

---

7   Kama. Sanskrit für „Begierde". (Anm. d. Hrsg.)

Der Astralkörper dieser Person war viel bestimmter in seinem eiförmigen Umriss, und der Körper aus dichterer Astralmaterie in seinem Inneren war eine ziemlich gute Nachbildung seiner physischen Gestalt. Während das Begierde-Prinzip (Kama) entschieden weniger tätig war, besaß das Ego selbst einen viel höheren Grad von Bewusstsein. Der Astralkörper konnte in diesem Fall bis zu einer Entfernung von mehreren Kilometern vom physischen fortgezogen werden, augenscheinlich ohne das leiseste Gefühl der Unruhe in den beiden hervorzurufen.

Als die tropische Landschaft diesem Ego vorgehalten wurde, nahm es dieselbe lebhaft auf und wusste sie entschieden zu würdigen. Es bewunderte eingehend ihre Schönheiten in der enthusiastischsten Weise. Nachdem der Mann die Landschaft eine Zeit lang bewundert hatte, wurde er aufgeweckt: Jedoch war das Resultat etwas enttäuschend. Er wusste, dass er einen schönen Traum gehabt hatte, aber es war ihm völlig unmöglich, Einzelheiten zurückzurufen. Die wenigen unbestimmten Bruchteile, welche noch in seinem Gedächtnis hafteten, waren Reste der Streifzüge seines eigenen Gehirns. Es wurde nun mit ihm, wie bei dem anderen Mann, der Versuch wiederholt, nachdem eine magnetische Schutzwand um den Körper gebildet worden war. Auch in diesem Fall begann das Gehirn sofort, aus sich selbst Bilder hervorzurufen. Das Ego nahm die Landschaft mit noch größerem Enthusiasmus auf als das erste Mal, erkannte sie sofort als die Aussicht, die es schon einmal gesehen hatte, und besah sie Punkt für Punkt ganz begeistert, voll Bewunderung für ihre vielen Schönheiten. Aber während das Ego auf diese Weise in Betrachtung versunken war, belustigte sich sein ätherisches Gehirn unter ihm damit, Bilder aus seiner Schulzeit zurückzurufen. Das Hervorstechendste war eine Szene im Winter. Der Boden war mit Schnee bedeckt, und er und eine Anzahl seiner Spielkameraden lieferten sich auf dem Spielplatz der Schule eine Schneeballschlacht. Als der Mann wiederum aufgeweckt wurde, war der Erfolg ganz merkwürdig. Er hatte eine lebhafte Erinnerung, auf dem Gipfel eines Berges gestanden zu haben. Er hatte eine prachtvolle Landschaft bewundert und sah die Hauptzüge der Szenerie noch ganz klar vor dem inneren Auge, aber statt der prachtvollen tropischen Pflanzenwelt, welche dem wirklichen Bild solche Üppigkeit verlieh, sah er die Umgebung vollständig von Schnee bedeckt, und es schien ihm, als ob er, während er mit großem Entzücken die Lieblichkeit des vor ihm ausgebreiteten Panoramas genoss, plötzlich, mit einem in Träumen so häufig vorkommenden rapiden Szenenwechsel, sich auf dem alten Schulhof befand und sich mit lange vergessenen Schulkameraden, an die er seit Jahren nicht gedacht hatte, mit Schneebällen bewarf.

VII. SCHLUSS

Diese Versuche zeigen sehr klar, wie es kommt, dass die Erinnerung an unsere Träume häufig so chaotisch und unzusammenhängend ist. Sie erklären auch nebenbei, weshalb einige Menschen, in denen das Ego unentwickelt ist und die irdischen Begierden verschiedenster Art sehr stark sind, überhaupt nicht träumen, und weshalb viele andere nur ab und zu, beim Zusammentreffen günstiger Umstände, imstande sind, eine wirre Erinnerung an nächtliche Erlebnisse zurückzubringen. Wir lernen ferner aus ihnen, dass, wenn ein Mensch wünscht, im wachen Bewusstsein den Vorteil von dem zu ernten, was das Ego während des Schlafes erfährt, es absolut nötig für ihn ist, die Herrschaft über seine Gedanken zu gewinnen, alle seine niedrigeren Leidenschaften zu überwinden und sein Gemüt in Einklang mit den höheren Dingen zu bringen. Wenn er sich der Mühe unterzieht, sich während des Wachens an zusammenhängendes und konzentriertes Denken zu gewöhnen, wird er bald finden, dass der Vorteil, den er dadurch gewinnt, sich nicht nur am Tag zeigt. Wenn er lernt, sein Denken in Schranken zu halten und zu zeigen, dass er dessen ebenso gut Herr ist wie seiner niederen Leidenschaften, wenn er sich geduldig bemüht, die vollständige Herrschaft über seine Gedanken zu erlangen, so dass er stets genau weiß, woran er denkt und weshalb, dann wird er finden, dass sein Gehirn, trainiert, nur auf die Anregungen des Egos zu hören, in

Ruhe verharrt, wenn es nicht gebraucht wird. Es wird sich weigern, die zufälligen Strömungen des uns umgebenden Ozeans von Gedanken aufzunehmen und auf sie zu reagieren, so dass er für die Einflüsse der weniger materiellen Ebenen nicht länger unzugänglich bleibt, wo die Einsicht tiefer und das Urteil wahrer ist, als sie hier unten sein können.

Die Ausübung einer einfachen Art von Magie mag manchen Menschen bei diesem Trainieren des ätherischen Teiles des Gehirns Hilfe leisten. Die Bilder, welche es aus sich selbst entwickelt, wenn der äußere Gedankenstrom ausgeschlossen ist, sind sicher im Allgemeinen weniger geeignet, die Rückerinnerungen an die Erfahrungen des Egos zu verhindern, als das stürmische Brausen dieses Gedankenstromes selbst. Deshalb ist der Ausschluss dieses tosenden Stromes, welcher so viel mehr Böses als Gutes mit sich führt, an und für sich kein unwichtiger Schritt vorwärts, dem gewünschten Ziel zu. Dies kann nun ohne ernste Schwierigkeit erreicht werden.

Der Mensch denke, wenn er sich zum Schlafen niedergelegt hat, an die Aura, welche ihn umgibt. Er möge energisch das Bild formen, wonach die äußere Oberfläche dieser Aura ein Gehäuse werde, welches ihn gegen die Einflüsse und Beunruhigungen von außen schützt, und die aurische Materie wird seinem Willen gehorchen. Ein Gehäuse wird sich in der Tat um ihn her bilden, und der Gedankenstrom wird ausgeschlossen bleiben.

Ein anderer Punkt, welcher sich sehr deutlich aus unseren weiteren Untersuchungen ergab, war die weittragende Wichtigkeit des letzten Gedankens eines Menschen, ehe er in Schlaf versinkt. Dies ist eine Überlegung, auf welche die meisten nie kommen, und doch hat dieser letzte Gedanke physische, geistige und moralische Folgen für die Menschen. Wir haben gesehen, wie passiv und wie leicht zu beeinflussen der Mensch während des Schlafes ist. Wenn er in diesen Zustand übergeht und seine Gedanken auf hohe und heilige Dinge gerichtet sind, umgibt er sich mit Elementalen, welche ähnliche Gedanken anderer ins Dasein gerufen haben – und seine Ruhe ist friedevoll. Sein Geist ist geöffnet für Eindrücke von oben und verschlossen für solche von unten, denn er hat dessen Tätigkeit die richtige Richtung gegeben. Wenn er im entgegengesetzten Fall einschläft, mit unreinen und irdischen Gedanken beschäftigt, zieht er alle die groben und üblen Geschöpfe an sich, welche ihm nahe kommen, während sein Schlaf durch die wilden Wogen von Leidenschaft und Begehren beunruhigt wird, die ihn blind für die Ausblicke und taub für die Töne machen, die von den höheren Ebenen kommen.

Alle ernsten Theosophen sollten deshalb ihr Augenmerk speziell darauf richten, ihre Gedanken auf die erhabensten Höhen zu lenken, die sie erreichen können, ehe sie sich dem Schlaf überlassen. Denn man bedenke, dass durch das, was zuerst nur als Tor zum Traum erscheint, vielleicht einmal plötzlich Zutritt zu jenen höheren Reichen erlangt werden kann, wo allein wahre Vision möglich ist. Wenn man mit seiner Seele beständig aufwärts strebt, werden ihre Sinne allmählich anfangen, sich zu entfalten. Das Licht im Herzensschrein wird heller und heller brennen, bis endlich das volle, ununterbrochene Bewusstsein sich einstellt – und dann wird man nicht mehr träumen. Sich zum Schlafen niederzulegen, wird für ihn dann nicht mehr heißen, in Vergessenheit zu versinken, sondern einfach – strahlend, freudig und stark in jenes vollere, edlere Leben hineinzuschreiten, wo Ermüdung nie eintritt, wo die Seele fortwährend lernt und wächst, selbst wenn ihre ganze Zeit im Dienen verbracht wird. Denn der Dienst geschieht für die großen Meistern der Weisheit, und die große Aufgabe, welche sie dem Menschen setzen, lautet: Mit aller gegebenen Kraft an ihrem nie aufhörenden Werk mitzuhelfen, die Entwicklung der Menschheit zu fördern und zu leiten.

Charles. W. Leadbeater
Die Mentalwelt
Wie uns Gedanken im Diesseits
und im Jenseits prägen
Pbk., 125 Seiten
ISBN 978-3-89427-482-5

Charles W. Leadbeater war einer der wenigen Geistesforscher, der sein Bewusstsein bis in die höheren Mentalebenen zu erheben vermochte. So war er in der Lage, jene wunderbaren Reiche zu erforschen, die in ihren lichtesten Ebenen als die „Himmelswelt" bezeichnet werden.

Leadbeater beschreibt nicht nur die Wesen dieser Welt, sondern er schildert in allen Einzelheiten, wie die reinen Gedanken des Menschen während seines Erdenlebens jene Sphären erschaffen, die ihm einst als himmlische Heimat dienen werden.

Die Astralwelt
Das Leben im Jenseits
Pbk., 136 Seiten
ISBN 978-3-89427-461-0

Leadbeater beschreibt nicht nur die Wesen der Astralwelt, sondern erklärt auch die Gesetzmäßigkeiten jener Sphäre, die nur eine „Stufe" über der Menschenwelt liegt. Dadurch wird beispielsweise deutlich, welche Prozesse Verstorbene unmittelbar nach ihrem Tod durchleben; es wird nachvollziehbar, wie Gefühle und Emotionen eine eigene Welt formen; und es wird verständlich, auf welche Weise jenseitige Wesen Kontakt zur Erdenwelt aufzunehmen vermögen, um Botschaften zu vermitteln. Damit wird erkennbar, auf welche Weise der Kontakt zwischen Diesseits und Jenseits funktioniert – oder aufgrund der geistigen Gesetze nicht funktionieren kann.

Der bis zum heutigen Tag noch immer beste „Reiseführer" durch die jenseitigen Welten! Eines der unsterblichen Meisterwerke des wohl bedeutendsten Hellsehers der Neuzeit!

Charles W. Leadbeater
Der Alltag aus spiritueller Sicht
Hardcover, 384 Seiten
ISBN 978-3-89427-366-8

Charles W. Leadbeater hat, wie kaum ein anderer Autor der esoterischen Literatur der Neuzeit, die Auswirkungen geistiger Einflüsse auf das menschliche Leben erforscht. In diesem Grundlagenwerk geht er auf zahllose konkrete Situationen des Alltags ein. Er beschreibt die astrologischen Impulse ebenso wie die Einwirkungen von Naturwesen; er schildert die Wirkung von Kraftplätzen und Zeremonien; er erklärt, welchen Einfluss Nahrungsgewohnheiten auf die Gesundheit haben und wie Gedanken den Lebensweg jedes Einzelnen prägen. Aus der Fülle dieser teilweise so noch nie veröffentlichten Informationen erschließt sich ein geistiger Kosmos ungeahnten Ausmaßes, der in zahllosen Situationen ganz konkret in das tägliche Leben der Menschen einwirkt.

Ein Meisterschlüssel zum Verständnis des Einflusses unsichtbarer Kräfte im Alltag!

Peter Michel
Charles W. Leadbeater
Die Biographie
Pbk., 200 Seiten
ISBN 3-89427-107-8

Mit diesem Buch liegt erstmals eine Biographie vor, die Leben und Werk Leadbeaters in einem Band vereint. Es schildert die Anfänge Leadbeaters in England, die Begegnung mit H.P. Blavatsky und der Theosophie und die Einweihung durch seinen Meister in Indien. Das Zusammentreffen der beiden großen und doch so gegensätzlichen Persönlichkeiten Krishnamurti und Leadbeater wird detailliert behandelt. Seine wegweisenden Erkenntnisse und hellsichtigen Forschungsergebnisse, die unsere Zeit so entscheidend geprägt haben, werden im zweiten Teil ausführlich dargelegt.

C. W. Leadbeater
Gedankenformen
ISBN 978-3-89427-289-0
Die Chakras
ISBN 978-3-89427-288-3
Der sichtbare und der unsichtbare Mensch
ISBN 978-3-89427-287-6

Die Meisterwerke
C.W. Leadbeater zählt ohne Zweifel zu den größten Hellsehern und Eingeweihten der Neuzeit. Seine drei großen Meisterwerke sind jetzt in einer neuen Ausgabe wieder lieferbar.
Die gesamte esoterische Bewegung des 20. Jahrhunderts schöpfte in erheblichem Maße aus diesen Klassikern der spirituellen Literatur, die auch heute, am Beginn eines neuen Jahrtausends, nichts von ihrer geistigen Größe und Strahlkraft eingebüßt haben. Wenn viele moderne Autoren längst in der Vergessenheit versunken sein werden, wird noch immer in den Buchhandlungen aller Länder ein Platz reserviert sein für die großen Meisterwerke von Charles W. Leadbeater!

Charles W. Leadbeater
Das Leben in der geistigen Welt
Pbk. 120 Seiten
ISBN 978-3-922936-76-3

In allen Einzelheiten beschreibt der Seher den Übergang in die Geisteswelt im Augenblick des „Todes", den Weg durch die Läuterungssphären und den Aufstieg in die Himmelswelten. Besonders beglückend und Trost spendend sind die Ausführungen über die Wiederbegegnung mit geliebten Menschen in den Jenseitswelten. Die Aufgaben und das hilfreiche Wirken der Schutzengel finden ebenso Beachtung wie das Wirken der Verstorbenen in höheren Daseinssphären.